JN098361

キャリアプランニングのための

松尾 剛行 著

企業法務 弁護士 入門

有斐閣

はじめに

　2007年に弁護士登録をして桃尾・松尾・難波法律事務所に入所してから，16年以上が経過した。先輩のパートナー弁護士と共同で対応する案件では，今なお先輩から指導を受けることも続いているが，パートナーとして，若手アソシエイトの研修やOJTを行うことも多くなってきた。その中で，若手企業法務弁護士がその先のキャリアを見据えながら，日々どのように案件に取り組み，自己研鑽を積むことが望ましいか，あらためて考えることが増えてきた。

　企業法務そのものは司法試験の受験勉強で学ぶものではなく，また，必ずしも法科大学院や司法研修所で手厚く教えてくれるものでもない。つまり新人弁護士がそれまで学んできた知識は企業法務弁護士の仕事に直接利用できるものではない。むしろ，それまで学んできた法的な思考能力を生かし，ビジネスの視点を踏まえて依頼者とコミュニケーションをしながらサービスを提供していくことが企業法務において求められている。すなわち，新人企業法務弁護士としては，これまで学んできたものの活かし方，および，ビジネスの視点や依頼者社内の意思決定プロセスを踏まえたコミュニケーションといった，新たに必要となるものの双方を体得していく必要がある。

　筆者が弁護士となった2007年の段階では，まだまだOJTが全盛であり，体系的な勉強をしなくても，たいていのことは案件を通じて学ぶことができるという考えも有力であった。もちろんOJTが有益であることに間違いはない。しかし筆者は，2012年から留学の機会を得て，帰国後は日本で仕事をしながら法学博士号を取得した（2020年）。この過程で，それまでOJTで学んできた内容と大学で学んだ体系的な知識を結合させることで，より深い学びを得られ

ることを実感した。

　そのような体験を糧に，論文や書籍の執筆をしてきたところ，2022年に事務所における新人研修講師の1人に選ばれたことをきっかけに，新人企業法務弁護士が最初に知っておくべき内容の体系化を試みることとした。企業法務には，知財，独禁，M&A，人事労務，情報等の様々な分野が存在する。そして，既にそれぞれの分野ごとに体系的知識をまとめた書籍も存在する。新人弁護士が具体的な案件を処理する際は，これらの書籍を参照しながら，書籍にない部分を先輩に教えてもらうことになるだろう。しかしその前段階として，それまで学んできた内容の活かし方や新たに習得すべき内容を，いわば概略的な案内図として示すことも重要ではないかと考えた。そしてそれらは，読者が自分の理想とする将来の企業法務弁護士像に向けて歩みを進める上でも必要であることから，将来のキャリアに向けた計画を立てること（キャリアプランニング）にも役に立つだろう。そのような思いで新人研修講義案を作成し，さらにそれを大幅に加筆してできあがったのが本書である。新人・若手弁護士，企業法務弁護士を志す法学部生・ロースクール生等が，企業法務弁護士の仕事を理解し，今後のキャリアプランニングを立てるための一助となることを願っている。

　第1章と第2章はイントロダクションであり，それぞれ弁護士の仕事および企業法務弁護士の仕事とは何かを概観してみた。そして第3章から第7章までは，いわゆる予防法務（第3章・第4章），臨床法務（第5章），戦略法務（第6章），そして公共政策法務（第7章）という区分に応じた企業法務弁護士の業務内容と留意点を説明している。最後に第8章以下では通常の民事法務とは毛色が異なる業務としての行政法務（第8章），刑事法務（第9章）および国際法務（第10章）を取り上げている。

　企業法務弁護士という場合，企業の法務部門に所属するインハウスの弁護士（インハウス・ローヤー）を含むこともある。そして，弁護士のキャリアとしてのインハウスの魅力は高まっている。ただし，本書の執筆のきっかけが事務所の新人研修だったこともあり，本書において「企業法務弁護士」と呼ぶ場合，主に法律事務所に所属して顧問先企業等（依頼者）に法律サービスを提供する弁護士を想定している。しかし，具体的な仕事の進め方の部分を除けば，仕事の内容面は企業の法務部門とも共通している。そこで，企業の法務担当者（インハウスの弁護士を含む）の読者の方は，このような立ち位置の相違に基づく読み替えをすることで，本書を活かしていただけるのではないかと考える。

　筆者は，特に AI 時代においてはキャリア教育が重要になるという仮説を立て，その研究を続けており，その一環として『キャリアデザインのための企業法務入門』（有斐閣，2022 年）や，『ChatGPTと法律実務』（弘文堂，2023 年）を含む，キャリアに関する書籍を著している。前者の『キャリアデザインのための企業法務入門』においては，企業における法務全般を主に企業目線（〔インハウスローヤーを含む〕企業の法務部門に所属する法務部員目線）で描いた。後者の『ChatGPT と法律実務』においては，AI・リーガルテック時代における法律事務所や企業の法務部門のあり方や，個人としての対応等を検討している。一方，本書は法律事務所における企業法務を弁護士目線で描いている。本書は，企業法務弁護士の観点に基づく重要事項をまとめるとともに，前著へのリファレンスを付けている。本書の読者はぜひこれらの関連書籍も活用して，企業法務について立体的理解を得ていただきたい。

2023 年 11 月　　松　尾　剛　行

目　次

▶Column 目次

著者紹介

松 尾 剛 行（まつお・たかゆき）
桃尾・松尾・難波法律事務所パートナー弁護士（第一東京弁護士会）

2006 年　東京大学法学部卒業
2007 年　桃尾・松尾・難波法律事務所入所（現パートナー）
2013 年　アメリカ合衆国ハーバード・ロースクール修了（LL.M.）
2014 年　アメリカ合衆国ニューヨーク州弁護士登録
2020 年　中国北京大学法学院博士（法学）
2023 年　慶應義塾大学特任准教授
　慶應義塾大学非常勤講師，中央大学非常勤講師，学習院大学非常勤講師，
九州大学非常勤講師，一橋大学客員研究員（2023 年 11 月現在。就任順）

著 書
『最新判例にみるインターネット上の名誉毀損の理論と実務〔第 2 版〕』（共
　著，勁草書房，2019 年）
『AI・HR テック対応　人事労務情報管理の法律実務』（弘文堂，2019 年）
『実務解説 行政訴訟』（共著，勁草書房，2020 年）
『紛争解決のためのシステム開発法務——AI・アジャイル・パッケージ開発
　等のトラブル対応』（共著，法律文化社，2022 年）
『広告法律相談 125 問〔第 2 版〕』（日本加除出版，2022 年）
『キャリアデザインのための企業法務入門』（有斐閣，2022 年）
『中国のデジタル戦略と法——中国情報法の現在地とデジタル社会のゆく
　え』（共編，弘文堂，2022 年）
『ChatGPT の法律』（共著，中央経済社，2023 年）
『ChatGPT と法律実務——AI とリーガルテックがひらく弁護士／法務の未
　来』（弘文堂，2023 年）
『クラウド情報管理の法律実務〔第 2 版〕』（弘文堂，2023 年）
『実践編 広告法律相談 125 問』（日本加除出版，2023 年）
他多数。

詳細は　https://researchmap.jp/tm1984/

第1章 弁護士業務総論

1 新人弁護士の憂鬱

(1) 司法試験・司法修習での学びが「使えない」

本書の主な読者としては，まさに弁護士としての仕事を始めたばかりであったり，これから始めるといった新人弁護士，これから弁護士をキャリアの選択肢として考えている法学部生，法科大学院生，司法修習生が想定される。

弁護士，特に企業法務弁護士になって最初に戸惑うことが，司法試験や司法修習（企業法務事務所における弁護修習を除く。以下同じ）で学んだことが（少なくともそのままの形では）「使えない」ということである。

つまり，司法試験でも，司法修習でも，いわゆる六法 1) の解釈・適用や裁判実務は問われる／教わるものの，企業法務弁護士の業務の中において六法の解釈・適用や裁判実務が「そのまま活かせる」ものが占める割合は，かなり小さいと言わざるを得ない。司法試験に向けて学んできた知識がそのまま活かせるものではないという点は，企業法務以外の弁護士実務においてもある程度当てはまるところである。

むしろ弁護士としては，「依頼者が求めていることを実現する」

---

1) 正確には六法に加え，行政法と選択科目が司法試験では問われている。以下の「六法」は司法試験科目という意味とご理解いただきたい。

「（依頼者法務部門の）担当者の悩みを解決する」ことが重要である。例えば，企業法務弁護士は，依頼者である会社の法務部門が行う長期的リスク管理（第2章2(1)参照）を具体的な事案でどのようにサポートしていくのかという観点から，相談対応，ヒアリング，資料収集・レビュー，意見書作成，契約書作成・レビュー，交渉（契約交渉を含むがこれに限られない）やその支援，取締役会資料レビュー，取締役会に自ら赴いての説明等の社内における意思決定支援等の業務を行う。これらは司法試験・司法修習において，直接問われたり訓練したりするものではないだろう[2]。また，実務に関わる法律は六法以外のものも多く，かつ，法分野自体は六法であっても，司法試験レベルの知識ではないものが多い[3]。

　つまり，司法試験に合格し，二回試験を終えてやっと司法修習を修了し，弁護士バッチを身に付けたとしても，その後に「（企業法務）弁護士実務をどのように習得するか」という新たな課題に取り組まないといけないということである。

　ただ，特にこれから司法試験合格を目指したり，司法修習に行く読者のみなさんに誤解しないでいただきたいのは，司法試験や司法修習で得られる「ものの考え方」は，実務でもいろいろな局面で効いてくるということである。例えば実際には民法自体ではなく，その特別法が適用される場合でも，まずは「一般法たる民法の原則は何か」といった，基本六法の知識がその前提として必要である[4]。

---

2)　企業法務における具体的な業務内容については，第2章参照。

3)　特に依頼者が法務部門を持つ会社であれば，司法試験レベルの事柄ならば法務部門にて対応できる可能性が高いことが指摘できるだろう。ただし，経営判断原則に基づく取締役らとしての正しい手続を経たことの担保（第6章参照）等の観点から，第三者である顧問弁護士等の意見を取ること自体に重要性がある場合（第4章2(2)(c)参照）を除く。

4)　例えば，インターネット上の消費者に対する欺瞞的な表示等のいわゆる

また，これまで聞いたことがない個別行政法[5]が問題となっていても（第8章参照），実際には，その解釈や適用の際に行政法総論や行政救済法等の知識[6]が前提として必要であることも多い。

(2)　正解がない

　弁護士実務の特徴として，誤りはあるが，正解がないことが挙げられる。確かに，「誤り」はあるだろう。例えば，法務担当者から「社長がどうしても賄賂を贈りたいと主張していて困っている」と相談された場合において，弁護士が「賄賂を贈ってもいいですよ」というのは明らかな間違いである。

　しかし，「ダメ」という一言だけで本当にカタがつくのか，という問題もある。そこで，実務ではどのように回答すべきかについて頭を悩ませるところである[7]。少なくとも司法試験の択一式試験のような意味における唯一の正解は存在しない。

　筆者は「相談すべき人と相談してよくよく考えた上で，自分が選択したことこそが正解である」という考えを持っている。「相談すべき人」というのは，この場合には，例えば法務担当者とよくよく話をして，法務担当者の悩みや問題意識を理解することや，自分だ

ダークパターン対応の文脈における民法上の錯誤取消制度とその特別法である電子消費者契約法による修正については，松尾剛行「情報化社会と法」法学セミナー 807 号（2022 年）20 頁参照。
　5)　約 2000 ある法律の大部分が行政法である。
　6)　ここでは，例えば訴訟選択，訴訟要件および本案（処分要件充足の有無，裁量等）に関する検討を想定している。大島義則『実務解説　行政訴訟』（勁草書房，2020 年）7 頁参照。
　7)　「ダメ」の一言だけで終わらせれば，法務担当者としては「ダメなんてことは当然わかっていて，それでも社長を説得できないから困って相談をしているのに，この弁護士は自分の期待に応えてくれない」，と思われてしまう可能性が高いだろう。

けでは判断できないという場合に，パートナー（経営弁護士）や先輩（いわゆる兄弁・姉弁）に相談することが含まれる。

　要するに，既にどこかに正解があるということではない以上，自分なりに精一杯考えて必要なコミュニケーションを実施し，誤りにならないようにした上で，コミュニケーションを踏まえて何を正解としたいのかをよくよく考え，周りを巻き込み，それを正解にすることが重要である。

　これは，司法試験・司法修習時代とは大きく異なるところであって，新人弁護士が戸惑うところである。

(3)　ピアレビューをしながらOJTで「育てる」

　このように，司法試験・司法修習と企業法務の仕事の間に必ずしも連続性がなく，正解がないということは，新人弁護士を受け入れる事務所側も理解しているはずである。だからこそ，いかに新人弁護士を育てるかについて各事務所は工夫をこらしている。

　各事務所は，基本的には，Off the Job Training（Off-JT）とOn the Job Training（OJT）を組み合わせて新人を教育している。前者は座学の研修等であって，大手事務所ではかなり長い時間研修をするところもあると言われる。ただし，Off-JTだけでは育てることはできず，後者，つまり仕事を一緒にしながらOJTを通じて育てるということが重要である。

　OJTの重要なポイントはピアレビュー，すなわち，新人弁護士の仕事を先輩がレビューをして修正をすることを通じて，新人弁護士に学んでもらうということである。これは，先輩が新人と一緒に仕事を行う中で，まずは抽象的な仕事の仕方を教えた後で，新人弁護士がその抽象的なものを実際の案件の中で消化しようと試み，自分なりに法律相談回答案や契約書案等の形で示し，それを先輩弁護

士がレビューして，どこができているか，どこが足りないかを伝える，という一連のプロセスを通じた学びである。例えば，契約レビューの方法の基本[8]を教えた上で，簡単な契約を渡してレビューさせ，その上で，先輩が修正し，その過程で成長を促す。

　その意味では，司法試験・司法修習での学びが「使えない」ことで不安を持っている新人弁護士のみなさんには，（少なくとも一般的には）ピアレビューをしながらOJTで育ててもらえるから大丈夫である，とお伝えしたい[9]。

2　新人弁護士が中堅弁護士になるために必要なこと

⑴　失敗を重ねる中で成長することの重要性

　一般論としては，弁護士になった直後の新人アソシエイトと，弁護士経験10年の，パートナーになる直前の力のあるシニアアソシエイトを比べてしまうと，力の差があることは否定できない。私も新人時代は少し上の期の先輩の一挙手一投足に「凄い！」と圧倒されていた。

　しかし，それは決して，個々人の能力に基づく差ではない。同じ人でも，その10年間で大幅な成長を遂げ，見違えるようになることは多い。だから，新人弁護士のみなさんは，正しい方向で努力をすることで，優秀なシニアアソシエイトになれるのだ，と自信を持って大丈夫である[10]。

---

8)　松尾剛行『キャリアデザインのための企業法務入門』46頁参照。

9)　なお，企業法務ではタイムチャージ，つまりかかった時間に応じて請求することになるが，「育てる」時間部分は請求しないなど，依頼者に対する配慮はパートナーの方で別途対応している。

10)　「腕が良い」弁護士になることを推奨する，中村直人＝山田和彦『弁護士になった「その先」のこと。』（商事法務，2020年）137頁も参照。

　では具体的に，新人にとって不足しているものは何なのだろうか。筆者の個人的見解としては，失敗だと考える。よく「経験不足」ということがあるが，それはとりもなおさず，失敗の経験不足なのである。もちろん，モチベーションという意味での成功経験が大事ではないとまでは言わないが，成長という意味では失敗が重要である[11]。

　ここでいう失敗というのは，弁護士業務の特質とも関係する。つまり，弁護士業務はバランスが重要である。中でも重要なバランスの1つは利益衡量のバランスである。これ以外にも時間と品質のバランスや，「神は細部に宿る」vs「本質を見失わない」のバランス等，様々なバランスが重要である。要するに，ちょうどいい塩梅を探求しなければならず，必ずしも絶妙なバランスをとることができる点にたどり着けることばかりではない，ということである。このように，なかなか完璧にはいかないという意味における「失敗」が多いという宿命を負う仕事だからこそ，その失敗を糧にして，成長していくことが重要である。

(2)　ベストを尽くすからこそ成長することができる

　ベストを尽くさず，ずさんに対応した結果として失敗した，というのは，ある意味では予定通りの失敗であり，単に次はずさんに対応するのではなく注意深くやりましょうというだけで，その失敗か

11）　ここでは，「後から考えるとあのタイミングでこうしておけばよりスムーズに進められた」，「これを糧に次はよりよく対応しよう」といった教訓のある経験を「失敗」と称している。そのような「失敗」は，そもそも先輩やパートナーのレビューで事前に改善してしまうことも多いし，ややスムーズにいかない部分があったとしても，結局はリカバリー（3(2)参照）によって落ち着くところに落ち着かせることができる場合も多いだろう。そういう意味では，いわゆる弁護過誤レベルのものを想定して「失敗」と称しているわけではないことに留意されたい。

ら学べることは少ないだろう。

　ベストを尽くすことは，もちろん依頼者にとって重要であるが，自分の成長にとっても重要である。そのためには，ベストというのが具体的に何をすることなのかを知り，その上で，実際にそれを実践することである。「練習は本番のように，本番は練習のように」と言われるように，事前準備が重要である。リサーチにおいて調べ切り（第2章 Column および第4章4参照），交渉のシナリオを作り（第5章参照），証人尋問の準備をし（第5章参照），その上で本番に臨む。

　ただそれでも，確率論としては小さな失敗は必然的に発生してしまうだろう。どうすれば今後それを改善できるかを考えるべきである。例えば，後述（3(2)参照）のように，パートナーにリカバリーをしてもらうことで，事務所全体としては特に失敗なく終わった案件について，どうすれば次はパートナーにリカバリーをしてもらう必要がなくなるのかを考え，次からはそれを実践する。

　その上で，事案に対する解像度を上げ，なぜそうなるのか，を考えながら仕事をするべきである。何も考えず，見よう見まねで適当にやるのでは成長することはできない。既に雛形や書式がある分野であれば，何も考えなくても，似ているものを作成すること自体はできるだろう。しかし，その意味を考えようともせず，ただ空欄を埋めるだけで，いったい何になるのだろうか。少なくとも成長を期待することはできない。弁護士が作成に関与する契約書や準備書面等の法的な書類には，全て法的根拠があるはずである。そうすると，やや誇張的に言えば，「なぜあなたはここにこの『文字』を書いたのか」を説明できるくらいの意気込みで徹底的に考えることを期待したい。法律家の言葉 12) を使うことにこだわり，きちんと法律に基づき文書を作成するべきである。

「思い込み」のリスクにも注意が必要である。例えば，受領している資料や情報が不足している場合，依頼者に確認するべきである。そのようなコミュニケーションをせずに，いわば「勝手な思い込み」で手続を進めてしまったら大変なことになりかねない[13]。その意味では，それが確認済みの事柄か，それが自分でそう思っているだけなのかを整理し（必要に応じて内部コメントで明記する。3(2)参照），仕事を進めていくべきである。

徹底的にベストを尽くして調べると，マニュアル，書式集，チェックリスト等の「ものの本」には誤りが見つかる。誤解を避けるために述べると，法律出版社が出版している実務書は，少なくとも大きくは間違っていないことが多い[14]。しかし，その中には細かい誤りはあるし，また，あまりにも当然として記載されない事項がある。例えば，供託手続のチェックリストに供託金が入っていないかもしれない。しかし，供託金が多額になる案件において事前に供託金の準備を忘れていたことが当日判明すれば，大変なことになりかねない。こういう部分をきちんと見つけるくらい徹底的に調べることが期待される（第2章 Column 参照）。

また，依頼者のため，最後まで諦めてはならない。「真実からすればAとBとCという主張をすることができ，それに合致するaとbとcという証拠があるはず」という場合でも，実際には「aは入手できたものの，bとcは入手できない」といった状況になるこ

---

13) ただし，普通はパートナーか指導担当のシニアアソシエイトが不備を見つけて修正するだろう。

12) 類似する言葉でも，法律上定義されていて，それぞれ異なる概念であったりするかもしれない。法学・法令用語に特化した辞典等（例えば『法律学小辞典』や『法律用語辞典』が挙げられる）で調べることで，その違いがわかるかもしれない。

14) ただし，何重にもチェックしたとしても，時折，誤記レベルではない間違いが出てしまうことがある。

とがある。ここで諦めるのではなく，やはり，ｂとｃを探し出す方法を考えるべきである。例えば「知り合いの鑑定人候補にお願いして鑑定書を出してもらう」など，「次の手」，「その次の手」を事前に考えておき，それを講じるべきである。

(3)　一般的な判断基準と自分なりの判断基準を身に付ける

　まず，一般的にはどのようなものを基準として対応・行動がされているかを習得すべきである。例えば，特別法を理解する上で，一般法の知識はその意味での「基準」となる。目の前の契約をレビューする上では，一般的な雛形やその事務所の標準的な雛形も「基準」となる。その基準との相違点と，その相違の理由を踏まえて対応すれば，大きく間違えることはないだろう。

　次に，これとは異なるものとして，正解がない（1（2）参照）問題への対応のため，自分なりの判断基準や選択基準を身に付けるべきである。これを人によってはポリシーと呼ぶことがある[15]。

　例えば，「（十分な）報酬が期待できない仕事の依頼を受けるか」というのは，実務における典型的な「正解がない」事柄である。もちろん，一律に NO という弁護士はいるかもしれない。ただ，多くの弁護士は「場合による」という答えであると思われる。だからこそいったい「どのような場合に YES といい，どのような場合に NO というのか」という点について，自分なりの判断基準を持つことが重要である。

　ただ，この点も「経験によって学ぶ」という側面があり，（いわば「食わず嫌い」をするのではなく）例えば，法テラス，国選弁護，行政関係の委員（第 8 章 6(3)参照），セミナー・講演，執筆等を一

───────────────

15)　松尾剛行『ChatGPT と法律実務』290 頁以下参照。

通り経験した上で，その経験に基づき自分なりの判断基準を徐々に身に付ける方法も十分にあり得るだろう 16)。

(4)　事件処理能力（エグゼキューション能力）の重要性

今後どのような弁護士として活躍するにせよ，弁護士としての基礎力を身に付けるということが重要である。基礎力のうちの重要なものが，事件処理能力（エグゼキューション能力）である。すなわち，各案件について依頼者の悩みを把握し，①法的三段論法に基づき解決できる部分については解決し 17)，②解決のために必要な契約書・意見書・準備書面等の成果物を作成し，そして，③法的三段論法に基づき解決できない部分に関してコミュニケーション，交渉等の実施といった各処理を実施して，依頼者が求めることを実現し，その悩みを解決していく能力である。

事件処理能力は，前記（1(3)参照）の仕事の中でのフィードバックの繰り返し（OJT）によって得られるものである。筆者も，最初に書いた訴状は「訴」と「状」の 2 文字以外は全て先輩に修正していただいた。

そのような事件処理能力を養う前提として，まず「型」を覚えるべく，各事案類型において，一般にはどのようにするのがよいとされているかを一通り学ぶ必要がある（前記(3)の一般的な基準を把握し，理解することは，ここでいう「型」を覚えることの一例である）。これはある意味では，地道で地味な仕事である。新人弁護士のみなさんが仕事を始めた段階で，「実務で一般になされている方法に納得できない，自分はこうやったほうがいいと思う」と感じることが

---

16)　原和良『改訂 弁護士研修ノート』（第一法規，2019 年）169 頁以下参照。
17)　例えば各論点についてのリーガルリサーチ（第 4 章 4 参照），関連事実の収集，事実への法律の適用による結論の導出等。

あるかもしれない。しかし最初はまず「型」を覚えるべきであって，それを崩すのは「型」を覚えた後にするべきである。それは，一般的に「型」通りの対応が行われている以上，多くの場合には合理性があるはずだからである。よって，その「型」が何で，なぜ一般に行われているのか，という理由を深く知っておく必要がある。そのような理解を持っているからこそ，うまく崩すことができる [18]。

(5) 似ているものの中から同じものと異なるものを区別する

「型」を知り，型を具体的状況にどう適用するかということとも関係するが，世の中には一見似ているものが多数存在する。その中には，単に似ているだけではなく，同じものもあるだろう。例えば，前記（1(2)参照）の社長が賄賂を渡したい事例において，実態が「賄賂」ならば，それを賄賂として渡しても，「コンサルティングフィー」名目で渡しても同じことである。

しかし，一見似ているものの異なるものもある。例えば，依頼者が請求側となる案件で，もし裁判になってしまうと「費用倒れ」になる可能性もある場合において，裁判前の交渉段階でどこまで相手方に対して強く要求するべきかは，依頼者として「費用倒れになってでも裁判をして正義を実現したい」とどこまで本気で考えているのかにもよるところである。そこで，依頼者とコミュニケーションをしてケースバイケースで判断をしていくことになる。前の案件でこのように対応してうまくいったから今回も同じようにすれば大丈夫だろう，という話ではない。

---

[18] 一般的に行われている合理的なやり方であっても，個別具体的な事情によってはそのような合理性を基礎付ける磁場が存在しないこともあるので，まずはなぜその方法が多くの場合において合理性があるのかを理解した上で，「本件では当該理由が当てはまらないのでそれと異なる方法を採用する」（崩す）というのが，基本的な対応であろう。

　これらはあくまでも例示に過ぎないが，このように似ているものの中から同じものと異なるものを区別する必要がある。そのためには，日頃から「なぜか」という根拠を追求し（(2)参照），その根拠に基づき同じものは同じように，異なるものは異なるよう取り扱えるようになることが重要である。

(6)　生身の人間がいることを理解する

(a)　故大沼教授の教え

　筆者が学生時代に参加したゼミの１つが，故大沼保昭教授の国際公法ゼミであった。大沼教授に司法試験合格を報告した際にいただいた金言が，「弁護士の目の前には生身の人間がいる。ＸやＹといった抽象的存在ではない」というものである。法律は抽象的なものであるが，我々弁護士はあくまでも具体的な事実や生身の人間と向き合う存在である。

　だからこそ，目の前の依頼者を救うためならば，司法試験短答式では間違いとされるような結論でも，主張しないといけない場合もある。例えば，抽象的には法律の明文に反していても，あえてそれを最高裁にまで持っていって，その条文が違憲無効であると主張しなければならないこともあるだろうし，公共政策法務（第7章参照）を通じて，そのような法律の改正を目指すべき場合もある。

　実務は決して抽象的な法律の解釈をやって終わりではないということは，未だに折りに触れて思い出すところである。

(b)　「違法です」だけでは進まない

　弁護士が法律問題について分析を行い，法的に正しい結論を出したとしても，それだけでは実務は動かない。例えば「違法である」という結論をただ依頼者に伝えただけでは，実務は動かない。

　前記1(2)の「社長がコンサルフィーの形式で賄賂を渡したいと強

く言って法務担当者が困っている」というような事案において，弁
護士が「コンサルフィーの形式でも賄賂は違法です」と伝えたとこ
ろで，法務担当者の悩みは解決しない。違法だというのは既に法務
担当者も百も承知であって，単に「既に違法だとは説明しており，
違法と伝えても社長に怒られるだけなのでどうしようもない」と思
っているかもしれない。だからこそ，目の前の法務担当者に対し，
具体的にどうすればその悩みが解決するのか，「次の一手」がわか
るような説明をしないといけない。その一手も，法務担当者として
採用可能な現実解とすべきである。この事例であれば，「社長に対
し具体的にこう説明して説得しましょう」とか，「この人（例えば
弁護士資格を有する社外取締役）を通じて社長に説明をしてもらい
ましょう」とか「私が社長に説明します」などという，具体的に誰
がどうするか，というところまでフォローすべきである。

(c)　共通認識を得る

そして，「法律家の視点」と「ビジネスの視点」が相違すること
が多いからこそ，弁護士は，自分自身，法務担当者および依頼部門
担当者という 3 者間で共通認識を持つことができるようにするため，
汗をかかなければならない。

例えば契約文言について言えば，弁護士は往々にして，裁判とな
った場合において裁判所が依頼者に有利な解釈をするよう，明確な
（すなわち，相手としてそのような有利な解釈であることがすぐに理解
できるような）文言にしようとする。これに対し，依頼部門として
は，できるだけ角を立てたくないとか，普通は裁判になることはな
いからそのような懸念は杞憂である等と考えてそれに抵抗感を覚え
ることがある [19)]。これはあくまでも一例であるが，共通認識形成

---

19)　もちろん，裁判に至るリスクが 1% 程度の案件でも 100 件集まれば必ず
　　 1 件はそのようなトラブルになるわけであるが，ここではその依頼部門の考

の重要性を意識しないと，相互の認識の相違は容易に発生してしまう。

そして，共通認識の形成がうまくいかないと，例えば，実際の取引と契約書の乖離等が起こってしまい，トラブルになってから契約条項に基づき対処しようとすると，「実は，この取引は契約のこの条文に準拠して行っていなかった」といったことが発覚したりするのである。

3　新人弁護士に期待されること／されないこと

(1)　ミスをすること自体は当たり前である

アソシエイトがミス（前掲注11の意味における「失敗」）をすること，例えば，アソシエイトがドラフトした書面に何らかの問題があるという状況はむしろ当たり前である。そして，そのようにアソシエイトがミスをすることを前提に，「事務所としての成果物」においてはミスがないようにするリカバリーを行うのがパートナーの仕事である。だからこそ，新人弁護士のみなさんに理解しておいていただきたいことは，決して「ミスをしたからダメ」ということではないということである。むしろ，一生懸命対応した上で（2(2)参照），それでもその成果物にミスが含まれる可能性が高いことを前提に，アソシエイトとしては，パートナーがリカバリーできるようにすることが重要である[20]。そして，案件をこなしていく中で，パート

えが正しいか正しくないかではなく，どのように依頼部門が考えているのかを理解し，共通認識を形成することが重要だという趣旨である。そのためには，聞き上手になってそれぞれの話を根気強く聞くことが重要である（才口千晴『新 弁護士読本』〔商事法務，2023年〕43頁参照）。

20)　その観点からは「ミスを隠す」というのは，パートナーがリカバリーしにくい・できないという意味で最悪である。

ナーからのフィードバックを踏まえ，典型的なミスの類型を把握し，対応を考えるべきであろう。以下代表的なものをいくつか挙げる。

　誤字脱字——一定以上の長さの文書ならこれはゼロにはならず，ピアレビューを通じてなくしていくものだが，多数の誤字脱字が残っていることは，推敲が足りない（よく吟味して書いてない）ことをうかがわせる。そこで，一度書いてから最低限もう一度は読み直してから先輩・パートナーに提出するべきである。

　公用文ルールとの相違——完全に公用文と同じにしないといけないわけではないが，「及び・並びに」「又は・若しくは」等の用法は気にするパートナーが多いと思われるし，契約書等においては「その他・その他の」等の相違から法的な解釈の相違が生じることもある [21]。

　問題提起と結論の不整合——「聞かれたことに答えていない」ということであり，2点を聞かれているのに1点だけに回答する場合等がある。推敲を行い，問題提起と結論の対応関係を確認するべきである。

　期限——控訴期間のように（実務上）絶対に動かせないものは，書記官に問い合わせてダブルチェックする，可能な限り余裕を持って控訴する等の方法で対応すべきである。ただ，実務的に多くの期限はある意味において動かすことが可能である。例えば依頼者に「期限は本来この日までなのですが，その翌日の朝まででもよろしいでしょうか？」とお願いするなどである。とはいえ，そのような依頼はできるだけ早く行うべきであり，そのような依頼が必要であれば早めにパートナーに打診すべきである。

---

21)　法令用語研究会編『有斐閣法律用語辞典〔第5版〕』（有斐閣，2020年），法制執務・法令用語研究会『条文の読み方〔第2版〕』（有斐閣，2021年）等参照。

15

(2)　リカバリーをしやすくする

(a)　はじめに

　ここでパートナー（本項ではシニアアソシエイトなどを含む。以下同じ）としてリカバリーをしやすくする方法としては，主に①ミス検知とリカバリーを想定したスケジューリング，②パートナーがミスに気付きやすくすること，③ミスの内容として「致命的」でないものに留めること，④最初からミスとそれに対するリカバリーを想定した対応をすることの 4 つが挙げられる[22]。

(b)　ミス検知とリカバリーを想定したスケジューリング

　リカバリーをするためにはパートナーとしてある程度の時間をかけてレビューし，修正する必要がある。そこで，若手弁護士としては，パートナーがミスを検知し，リカバリーができるようなスケジュールで業務を遂行すべきである。例えば，1 回目のドラフト提出を最終期限よりも早いタイミングで行い，2 回目の修正も事前に予定しておく。3 回目の修正が最終期限までにできるイメージで進められれば安全である（ただし，実際には期限との関係でそのような理想的スケジューリングにならないこともあるだろう）。

(c)　パートナーがミスに気付きやすくする

　パートナーとしては，特に新人弁護士と一緒に仕事をする場合，ミスを予想してそれを検知・是正する心構えを持っている。しかし，ミスを見過ごす可能性もゼロではない。そこで，新人弁護士の方で，パートナーがミスに気付きやすくする配慮を行うべきである。

　例えば，パートナー向けの内部コメント（2⑵参照）の中でそれぞれの記載について，どのような根拠があり，どの部分について自信がない（単なる自分の考えに過ぎない）のかを明示することは重

---

22)　中村直人＝山田和彦『弁護士になった「その先」のこと。』125 頁も参照のこと。

要である[23]）。

　また，期限を明示することも重要である。例えば，パートナーから期限の明示のない依頼がなされたところ，自分自身が出張等のため，その案件にすぐにとりかかることができないならば，いつとりかかり，いつ終わらせるつもりかを早急にパートナーに連絡すべきである。

　関連して，仕事をしたということがパートナーにわからなければリカバリーもできない。ある程度シニアになってくると，パートナーから「依頼者に直接回答してよい。ただし悩んだら相談すること」と言われることも出てくるだろう。その場合でも，パートナーにメールを同報（CC）したり，「電話でこういう回答をした」とパートナーに報告をすることなどが重要である。

　なお，自分でミスに気付いたら，早めにパートナーに「お送りした法律相談回答案ですが，○○と記載している資料を発見したため，結論が変わる可能性があります。少しお待ちいただけますか」と連絡するなどの対応をするべきである。対応が早ければそのミスの影響は極小でおさまる可能性が高い以上，「あれ？」と思ったらきちんと調べ，従前の検討が浅ければすぐに軌道修正すべきである。

(d)　ミスを「致命的」でないものに留める

　アソシエイトのミスのうち，パートナーとして困ってしまうのは，リカバリーがしにくいミスである。例えば，依頼者にハンコを押してもらった原本を添付資料とする書類を役所に提出するとしよう。その場合に，アソシエイトが書類をホチキスで原本と一緒に綴じてしまったとする。もし，それがミスがない書類なら，問題なくその

---

23)　例えば，「この点は資料が見当たらず，○○という原則から書いてみましたが，自信がございません」などとコメントすることが1つのイメージである。

まま提出できるかもしれない。しかし，綴じ込まれた書類にミスがあれば，原本を再度取り直す必要が生じてしまう。この点，ホチキスをしない状態で（ファイル等に入れて）パートナーに渡せば，書類にミスがあっても容易にリカバリーが可能となる。これは1つの例であるが，若手弁護士は自分がミスをする可能性があることを前提に，そのミスをリカバリーが容易なものにするよう努力する必要がある。

(e) 最初からミスに対するリカバリーを想定する

最初からミスとそれに対するリカバリーを想定した対応をすべきである。上記の例で言うと，ホチキスをせずにパートナーに渡すという方法はその1つである。また，例えば依頼者から依頼された調査対応についてヒアリングを行うに際し，詳細なヒアリングメモの作成のため，ヒアリング対象者に録音をする旨を断って録音するという場合，1つの録音機だけでは録音ができていないこともあり得る。結果的に録音ができていなければ，ヒアリングメモの作成上大変困ってしまうだろう。そこで，バックアップを含めた複数の録音機を持っていくという対応が考えられる。

(3) 指導を踏まえた対応

OJTである以上，パートナーから，「このような修正をしないといけない」などと指導をされることはむしろ当たり前である。そして，実際には「1回言われたらもう同じことを言われないようにできる」といった簡単な話ではないものの，指導を受けた以上，当該指摘を受けた点には今後留意すべきであろう。

例えば，契約書等，書面の成果物を作成する場合，少なくとも昨今は，パートナーのレビューは，ワードベースで修正履歴付きで行われることが多いと思われる。しかし新人弁護士が，それを何も考

えずにクリーンにする（すべての変更を承諾する）ボタンを押して，依頼者に送付するだけであれば，「指導」としてパートナーが修正をしたことの意味はないし，その新人弁護士は同じ間違いを何度も繰り返すだろう。だからこそ，なぜその朱字が入れられたのかという点をきちんと考え，その理由が理解できない場合には，パートナーに尋ねるなどして，できるだけ次は同じ修正が入らないよう注意すべきであろう。例えば，公用文用例に従っていないためにパートナーから修正をされているものの，いつまでもその点について是正しないので毎回同じ修正をされ続けているというのは，少なくとも新人弁護士の「あるべき姿」ではないだろう。

　また，例えばパートナーからある箇所の「又は・若しくは」の使い分けが間違っていると注意され，「公用文用法の観点から見直して下さい」と指導された場合，そこを直すだけではなく，別のところで同様の間違いをしていないか確認すべきである[24]。

　なお，筆者がシニアアソシエイトになってもどうしてもパートナーからの朱入れがゼロにならなかったのが，依頼者との関係の部分である。つまり，パートナーは「どうすれば依頼者の悩みを解決できるか」という部分についてアソシエイトよりも多くの経験や実績を持っている。事実の把握や法律的分析についてはパートナーと遜色ない能力を身に付けているシニアアソシエイトも多いだろう。しかし，その見せ方，つまり依頼者にどう伝えるかについては，パー

---

[24]　筆者は原則としてそのような指導はしていないが，冒頭部分に「粗」が目立つと，冒頭だけ朱入れして「全体を再度見直して下さい」と指導するパートナーもいるようである。この場合に冒頭の修正だけ反映し，それ以降を自分で修正しないというのは，少なくともそのパートナーの意向に従った対応ではないだろう。もぐらたたき的に「現に指導された事項」を覚えて是正しようとするという対応は，確かに何もしないよりはよいが，それよりも「その具体的な指導の裏にある習得すべき内容は何か」を自分の頭で考えることが，早い成長につながるだろう。

19

トナーから，その経験を踏まえた指導を受け続けることはむしろ当然である。しかし，将来パートナーとなることもキャリア（4参照）として考えているのであれば，受け身にはならず，常に自分の方でベストの見せ方を工夫して提示し，それに対する指導を受ける（2(2)参照）ことが，自分の成長のために重要であろう。

(4)　パートナーがより集中したい箇所に時間を使えるようにする

　新人弁護士は，最初は指導の時間が必要になる。だから，新人弁護士と一緒に仕事をすると，少なくとも最初はパートナーとして，自分1人で対応する場合よりも時間がかかってしまうかもしれない[25]。しかし，ある程度経験を積むと，アソシエイトと組むことで，パートナーとして，自分がより集中したい事項に時間を使うことができるようになる。また，結果的に顧客に対してよりよいサービスを提供できることにもつながる。

　例えば，依頼者からの相談メールに対応しなければならない場面を想定してみよう。パートナー自身で対応するのであれば，その経験を生かし，1時間で素早く返信メールを書くことができるかもしれない。メール返信の所要時間のみを見ればパートナー自身が対応するほうが早いわけである。しかしパートナーは平日日中は会議が続くことも多く，返信メールをドラフトできるタイミングが結構遅くなってしまうことがある。自分でやる時間を1時間捻出するなら深夜になってしまう，といった場合もあるだろう。これに対し，アソシエイトは，パートナーが別件の会議に入っている間に検討して，返信案を作ることができる。例えばアソシエイトが返信メールドラフトに1時間半かかっても，パートナーは自分の会議が終わったタ

---

25)　中村直人＝山田和彦『弁護士になった「その先」のこと。』35頁参照。

イミングでその案を修正し，メールを送付することができる。もしかすると，パートナーとして15分程度で修正でき，かつ，15分程度なら会議の合間に捻出でき，パートナー自身で検討するよりも早いタイミングでレビューが完了し，依頼者に返信できるかもしれない 26)。

⑸　事実関係に詳しくなる

　アソシエイトは，その案件の事実関係に一番詳しくなり，どこに何が書いているか把握し，必要に応じてファイルからすぐに取り出せるようにすべきである（第3章 Column 参照）。加えて，それぞれの事実の意味，つまり，それが法的評価とどう関係するのかを理解しておくことが重要である。そうすると例えば，パートナーからの「この点はどうだったっけ？」という事実関係の質問に対して素早く回答をすることができたり，パートナーが「ざっくりこんな感じだよね」として書いた書面を細かい事実関係に基づきレビューすることができたりする 27)。これは，アソシエイトとしての価値・役割を発揮できる場面といえよう 28)。

---

26)　例えば上記事例で，パートナーのアワリーが4万円，アソシエイトのそれが2万円なら依頼者の負担する費用は変わらないことになる。

27)　パートナーとしても，細かい事実関係を覚えることは大変であり，アソシエイトに細かいことを任せることができるのは大変ありがたい。なお，細かいことが苦手なアソシエイトは細かいことができるようになるため努力する，複数のアソシエイトで入る案件では他のアソシエイトに細かいことをお願いする，営業力を伸ばしてパートナーになるなどの工夫が必要である。

28)　これとやや異なるが関係する重要なこととして，現場や現物の重視がある（髙井伸夫『弁護士の経営戦略』〔民事法研究会，2017年〕85頁以下）。常に現場に行くかはともかく，現場に行ける事案では積極的に行くべきであるし，現場に行っていないことによる何らかの制限が発生し得ることに自覚的であるべきである。

⑹　最新法令改正・最新判例に強くなる

　最新の法令・判例については，勉強を続けることで引き続き詳しく知っているというパートナーも存在するが，（分野にもよると思われるが）「アソシエイト頼り」になる状況もまま見られる。そういう意味では，新人弁護士は最新の情報を積極的に吸収し，最新法令改正・最新判例については自分の方が詳しいという状況を確保する気概を持つべきである。例えば，パートナーから「そういえば，景表法って改正されたんだっけ？」と聞かれた際に「あれ？　そうだったんですか？」というよりは，「はい，確約制度の導入等ですね！」と回答することができるほうが印象はよいだろう[29]。

　最新の法令・判例に対するアンテナの張り方は多数存在する。伝統的には，法律雑誌・判例雑誌の目次を読み続けるとか，新聞の法務欄で紹介される法改正動向記事をチェックするなどの方法が推奨されてきた。最近ではSNSの活用が有益であって，例えば，情報法であれば数十人程度の最新情報を投稿する人をフォローしていれば，それだけで最新情報へのアップデートが容易になるだろう。

⑺　ファイル管理の重要性

　前記⑸とも関連するが，ナレッジマネジメントとの関係でも重要性を増しているのはファイル管理である。元々原本を管理して，例えば裁判であれば原本確認のタイミングで適切に持参し提出するというのは，重要なアソシエイトの仕事であった。

　現在では伝統的な紙ファイルだけの管理から，共有フォルダや案件管理システムの利用等，電子的なファイル管理に変わってきている。その中で，アソシエイトは，自身の留学・出向等の可能性，案

---

29)　松尾剛行『実践編 広告法律相談 125 問』（日本加除出版，2023 年）157 頁以下参照。

件が大きくなり追加メンバーが加入する可能性，パートナーが（出張時・病気時や土日等の）緊急対応を行う可能性などを踏まえ，ファイルについてはいつ第三者が見ても客観的に整理されている状態を維持すべきである。

4　新人弁護士にとってのキャリアプランニング

(1)　キャリアは直線的でなくてもよい

　筆者は現時点において，企業法務弁護士として比較的情報法に強みを持っているが，情報法に本格的に取り組もうと思ったきっかけは，事務所入所後にたまたま大きな（数十億円規模の）システム開発訴訟に参加する機会があり，いわゆる「ドラえもん」の仕事をしたことである（第 3 章 Column 参照）。システムの設計書など専門用語だらけの書面についてその内容を把握する必要がある以上，システムに関して，最低限基礎的なことは理解していないと話にならなかった。そこで，体系的にステップアップしながら勉強するため，IPA（情報処理推進機構）の情報処理技術者試験を受け，IT ストラテジスト等の国家資格を取得した。このように，特定の事件を受任したことをきっかけとしてキャリアを構築する機会を得た。弁護士は「事件に育てられる」ことが多い。

　また，リスキリング（re-skilling）という言葉が人口に膾炙する前から，筆者は仕事をしながら博士論文を書いて法学博士となり，また，東京大学の科目履修生にもなった。土日に実施されるエグゼクティブ MBA コースも修了している（第 9 章 Column 参照）。このように，弁護士になってからも勉強を続け，スキルアップすることは十分可能である（第 10 章 Column 参照）。

　これらのことから伝えたいのは，キャリアは決して直線的でなく

てもよいということである。最初から「このような弁護士になりたい」と考えて徐々にそれに向かっていくというキャリアプランニングはもちろんあり得るものの，何らかのきっかけで方向性が変わったり，その方向性を実現するために弁護士になってから大学等で再度勉強し直すことは十分あり得ることである。

(2)　何歳でもチャレンジすることができる

弁護士人生はいわば「マラソン」のようなものであり，決して「短距離走」ではない。例えば，筆者の所属事務所の桃尾弁護士は18 期（筆者より 42 期上）であり，80 歳を過ぎても元気に弁護士業務を行っている。もし 30 歳で新人弁護士になり，80 歳まで働くなら，自分の弁護士人生はまだ半世紀も残っているということである。そうすると，キャリアを近視眼的にとらえて焦る必要はない。筆者は 2007 年の弁護士登録後 2012 年から 2016 年までの間留学している。2012 年の時点では弁護士としてのキャリアはまだ約 5 年であって，そのキャリアと同じくらい留学するのは長過ぎると思われるかもしれない。しかし，キャリアを 50 年と考えれば，わずか 10% 足らずの期間である。筆者の知り合いには，50 歳で銀行を辞めて大学教授になられた元インハウスローヤーの方もいる。何歳でも様々なことにチャレンジできると考えるべきである。

(3)　ロールモデルを探す

どのような弁護士になるべきかということについては，仕事を楽しむ 30)　といった抽象的な形であれば，ある程度一般的な考え方はあるだろうが，具体的に若手弁護士がどう生きるかについては，ま

---

30) 中村直人 = 山田和彦『弁護士になった「その先」のこと。』97 頁参照。

さに正解がない世界である。だからこそ，「ロールモデル」を探すことは，自分が何をすべきかを考える上で参考になり，張り合いが出てくる。例えば，3年上の先輩弁護士は，新人弁護士からすればかなり経験豊富なように見えるだろう。しかし，その弁護士もわずか3年前には同じ新人弁護士として同じ悩みを持っていたはずである。その先輩が，3年前，2年前および1年前にそれぞれ何を考えて何をして今の状態にたどり着いたのか，今何を目指して何をしているかなどを聞くことは，自分のキャリアプランニングにおいて参考になるだろう。あくまでも目安の数字として，3年後，5年後，10年後および20年後を見据えてロールモデルを探すことが考えられる。自分の事務所内にロールモデルが存在することもあれば，事務所外，例えば会務や大学・ロースクールの先輩，修習の際の教官や指導担当弁護士，共同受任先の事務所等にロールモデルが存在することもあるだろう。また，この人の全てを真似することはできないものの，「この部分」をロールモデルにしたい，という限定的なロールモデルでもいいかもしれない。

　もちろん，10年や20年上の世代が新人弁護士の頃にやっていたことと同じことを今すればよいかというと，そうでもないことはあるだろう。例えば，筆者は2007年に弁護士となった60期だが，この世代は単に情報法をやるというだけで，「上の世代で対応している人が少ない専門分野」を開拓することができた。しかし，今では情報法は細分化しており，また，若い人の中にも興味を持っている人が多いことから，単に情報法が得意というだけでの同業者との差別化は困難になっている。とはいえ，手本になるような人が自分の年齢の頃に何をしていたのかをまずは知ることは，時代の変化を踏まえたアレンジを考える上でも参考になるだろう[31]。

⑷　ゼネラリスト／スペシャリスト論争

　よく，若い人から「ゼネラリストになるべきか，スペシャリストになるべきか」という質問を受ける。おそらくは今の段階で1つの専門を決めることに不安を感じているものの，だからと言って「何でもできる」はすなわち「何もできない」と同義であり，弁護士として付加価値の低い人材となるのではないかという不安が背景にあるのだろう。この不安に対しては，そこでいうスペシャリスト・ゼネラリストの解像度を高めることが有益であろう。

　ゼネラリストというのはどういう人を想定しているのだろうか。「よく発生する定型的事案については，そのカテゴリーを問わず一通りこなせるようになりたい」という意味のゼネラリストであれば，仮に将来専門家になりたい弁護士であっても，そのような専門家になるまでの過程として3年目で目指す姿としてはあり得るのではないか[32]。また，同じゼネラリストであっても全く毛色の違うものとして，「非定型的事案であれば，それがどのようなカテゴリーでもこなせる」という能力を身に付けるという方向性もある。これは，

---

[31]　例えば，その時代にやる人は少ないが今後可能性が広がる分野を探るべき，という観点で考えれば，2023年現在なら「宇宙法」「アフリカ法」「Internet of Brains（ブレインテック・脳神経科学と法）」「アバター法」などを始めるといった選択もあるかもしれない。なお，宇宙法については小塚荘一郎＝佐藤雅彦編著『宇宙ビジネスのための宇宙法入門〔第2版〕』（有斐閣，2018年），大久保涼編著代表＝大島日向共同編著『宇宙ビジネスの法務』（弘文堂，2021年），アフリカ法については角田進二＝金城拓真『アフリカ・ビジネスと法務』（中央経済社，2016年），Internet of Brains については「〈連載〉Law of IOB──インターネット・オブ・ブレインズの法」法学セミナー807号（2022年）以下，サイバネティックアバターについては松尾剛行「〈連載〉サイバネティック・アバターの法律問題」（https://www.icr.co.jp/newsletter/wtr409-20230427-keiomatsuo.html）（2023年～）を参照。

[32]　一通り理解していないと，「これは自分の専門外だから他の先生に頼もう」という土地勘すら働かない。

事件のカテゴリーを問わないという意味ではゼネラリストであるものの，弁護士としては非常に付加価値が高いだろう[33]。

　また従来は，専門性というと法分野（例えば独禁法，知財法，情報法など）が注目されがちであった。しかし，例えば，業界知識を踏まえた「特定の業界の専門家」となることも（コンフリクト等の問題はあるものの）1つの専門家のあり方である。特定の業界に特化し，「ヘルスケアに強い」とか，「スタートアップ支援専門」といった形で発展をすることも考えられる。また，法分野を問わず，ある特定の依頼者と深い関係を構築し，「その依頼者の専門家」になるというのは，（もちろん外部弁護士であることから生じる限界は十分意識する必要はあるものの）1つの専門性である。さらに，特定のサービス類型を提供することも別のかたちの専門性であり，法務業務のアウトソーシングサービスを提供する法務受託に特化すれば，それは，まさに専門特化と言えるだろう[34]。結局のところ，専門性として語られるものの多様な内実を理解すると，結局，何が自分の付加価値で，それをどのように依頼者に説明して案件を依頼してもらうのかという問題に帰着するであろう。

　いずれにせよ，自分が何に向いているか，というのは自己評価も大事であるが，一定以上は周囲が評価する（例えば，自分がやりたい仕事の依頼があるかに影響される）という部分もあるのだから，

---

[33]　筆者が日本初の事案に臨む際は，①初めてのものでも，過去の「似たもの」を探し，そのような議論のうち，使えるものと使えないものを選別する，②モックアップ（「紙芝居」形式でサイトの遷移等を示すもの等）でもいいのでなるべくその「新しいもの」の実物に触れて理解を深める，③新しいからこそ発生しやすい公共政策法務（第7章参照）等の対応を検討するといった点を心がけている。

[34]　タイムゾーンが違う地域（例えばインド）の事務所が，アメリカやヨーロッパの依頼者の「時間外」の業務を請け負うなどで専門性を発揮しているとも聞く。

その点も踏まえて対応を検討すべきである [35])。

⑸　チャンスの女神の前髪をつかむために

　長い弁護士人生（⑵参照）の中でいつかチャンスは必ず回って来る。その確率を高める努力と，その時に対応できるための事前準備が重要である。

　例えば，「手を挙げる」ことは重要である。筆者も，「雑誌連載を実現したい」という強い希望を周囲に伝えたことで連載が実現したり，単著を出版したいという意向を伝えることで出版が決まったりと，やりたいという意向を周囲に伝えることでよい経験をすることができた。

　また，「代役でいいなら」として依頼され，そこで活躍することで次も依頼が来るといったように，突然チャンスが来て，そこで実力を発揮すれば大きな前進が得られることも実務上多く見られる。その意味は，急にチャンスが来た場合に，自信がないと言って断ってしまえばチャンスはつかめないわけであるが，仮に依頼を引き受けても，事前にそのチャンスを生かすための十分な準備（知識，経験等）をしていないと，実力を発揮できないので次につながらないということである。だからこそ，いつか来たるチャンスに向けて爪を研いでおくべきである。

⑹　ワーク・ライフ・バランスについて

　最後に，今の世代の新人弁護士が強い関心を持っていると思われるワーク・ライフ・バランス（WLB）についても一言触れたい。

　究極的には，それぞれの弁護士が幸せになること，というのが最

---

35)　才口千晴『新 弁護士読本』8 頁参照。

も重要な目的と考えた上で，その後，そのためにどのような手段が最適かを考える，という思考回路をとるべきことになろう。そこで，まずは「自分にとってどのような状態が幸せな状態か」を考え，その状態の実現のためにはどうすべきかを考える。すなわち，どのような弁護士になれば自分が幸せかを突き詰め，弁護士としての実現方法を考えるべきであろう。

　また，その幸せな状態の理解との関係では，何が自分にとっての「ライフ」なのかをよくよく考える，というのは重要だろう。例えば，午後5時には事務所を出て家族で一緒にご飯を食べて午後9時くらいから仕事を再開する状況について，WLBが実現していると考える人と，（結局のところ無理をして寝る時間を削って深夜に残業をしているだけであるとして）WLBが実現していないと考える人がいると思われる。この点は何が正解かの話ではなく，それぞれの考え方次第である。そこで，自分の「ライフ」が何かをまずはよく考え，それを実現する方法を考えるのがよいだろう。

> POINT <

- ▶ 企業法務弁護士のキャリアを選んだ場合，それまでに司法試験や司法修習の過程で学んだことをそのままは活かすことができず，戸惑うことが多い。
- ▶ 弁護士実務では正解がない中で対応をしなければならず大変であるが，事務所はピアレビューをしながらOJTで育ててくれるはずである。
- ▶ ベストを尽くして仕事に取り組む中で，失敗の経験も重ねながら，次は失敗しないよう心がけ，自分なりの判断基準と事務処理能力を身に付け，似ているものと異なるものを認識し，生身の人間を相手にすることの意味を理解するべきである。

▶ 新人弁護士がミスをしてしまうのはむしろ当たり前で，パートナーや先輩がリカバリーしやすくなるよう，スケジュールを意識する，ミスに気付きやすくする，致命的ではないミスに留める，そして最初からリカバリーをしてもらうことを想定して対応することが重要である。

▶ 事実関係や最新の判例・法令に詳しくなり，パートナーがより集中したいことに集中できるようアシストし，ファイルの管理を徹底すれば，パートナーの役に立つアソシエイトになれる。

▶ 直線的ではないキャリアでも全く問題ない。ロールモデルを探しながら，何歳でもチャレンジを続け，キャリアプランニングを行っていこう。

▶ Column　一般的な企業法務弁護士の業務内容，スケジュール感，一日の過ごし方

　企業法務弁護士の業務内容については本書第2章以下で詳しく述べるが，まずは，企業法務弁護士についてイメージがしにくい学部生やロースクール生を念頭に置き，簡単に企業法務弁護士について概観したい。なお，以下では，主に法務部門のある大規模の企業が依頼者である場合を想定している。

　企業法務弁護士は，企業の法務部門からの依頼を受けて，その対応を実施する。契約の仕事においては，法務担当者から特殊な類型の契約書の作成（契約ドラフト）を依頼されたり，相手方が送付してきた契約書の各条項をそのまま受け容れていいか，あるいは修正すべきか検討したりする（契約レビュー）。また，その後の契約交渉の支援をしたり，交渉の場に同席をしたりすることもある。多くの場合，契約レビュー業務ではメールでワードファイル形式の契約書が送付され，ワードの変更履歴機能を利用して契約書を修正する。法律相談では，会社の業務に関係する法律問題について相談がなされ，一定のリサーチをした上で，回答をする。メールベースやビジネスチャット（Microsoft Teams，Slack，Chatwork 等）ベースで質問を受けて回答をすることもあれば，会議やウェブ会議で質問を受け，回答をすることもある。そこから意見書等の

作成につながったり，潜在的紛争に関する相談が交渉代理や訴訟につながったりする。

　契約書の仕事はその内容にもよるが，数日以内に結果を返すことが多い。もちろん，特殊かつ長大な契約（特に外国語のものが多い）など検討に長い期間が必要なものもあれば，契約条項1つについての確認のように，できれば当日もしくは遅くとも翌営業日には回答することが期待されるものもあるだろう。法律相談は，当日や会議の場で回答してもらいたいという趣旨のものもあるが，一定のリサーチをしてから回答をするものも多く，特に意見書作成に至る場合にはリサーチやドラフトを含めて意見書の完成までに数週間以上かかることも少なくない。訴訟業務は簡単なものであれば提訴直後に和解で終わることもあるが，難しいものだと第一審だけで2年以上かかることもある。

　弁護士によって1日の過ごし方は様々であるが，夜型のパートナー弁護士であれば，朝10時くらいに事務所にやって来て，午後5時までのビジネスアワーには多くの会議をこなし，アソシエイトの契約書や回答案のレビュー等をその会議の合間か，または午後5時以降に行うというパターンが見られる。ただ，最近は在宅勤務を含む，働き方の柔軟化が進んでおり，例えば朝作業をして午後5時，6時からは家族と過ごすスタイルや，夜に作業をするとしても，夕飯は家族と一緒に食べて，作業を在宅で行うスタイルなど，多様化の傾向が見られる。

　個人的に重要だと思うのは，繁閑の波である。すなわち，弁護士業務は非常に忙しい時と，時間に余裕がある時が交互にやってくる36)。だからこそ，その時間のあるタイミングに何をするかを考えることが重要であり，筆者は書籍や論文を書くこととしている。

---

36)　中村直人＝山田和彦『弁護士になった「その先」のこと。』8頁。

第2章　企業法務総論

1　企業法務弁護士の虚像と実像

(1)　はじめに

　企業法務弁護士の仕事というのは，よく誤解されている。就職活動をするロースクール生や司法試験受験生の話を聞く限り，過大評価されていることが多いようである。

　企業法務弁護士になりたいという学生に，企業法務弁護士になって具体的に何をしたいかと聞いても，「ビジネスの伴走をする」とか「法律の観点から社会を変えるビジネスを支援する」といった抽象的な話しか出てこないことも多い。これまでの学生とのやり取りを踏まえて想像するに，もしかすると，以下のようなイメージを持つ人もいるのではないか。

> ・キラキラした仕事ができる
> ・仕事が（いわゆる一般民事 1）と比較して）楽そう
> ・（一般民事と比較して）合理的な，ロジックに基づく仕事ができそう
> ・裁判所に行かず，オフィスか在宅で仕事が完結する
> ・親族相続法や刑事法は使わない

---

　1)　主に個人を依頼者とする，交通事故，債務整理，離婚・相続等の業務を主に行う弁護士の業務類型であり，企業法務と対比されることが多い。

　しかし，これらは全て（常にはそうとは言えないという限りにおいて）間違っている。以下では企業法務弁護士の実像を示していこう。

　なお本項は，企業法務弁護士と一般民事を取り扱う弁護士を対比する形をとっているが，筆者の知り合いにも企業事件と一般民事の双方を取り扱う弁護士は複数存在する。その意味では，以下の内容は，企業法務のみを取り扱う弁護士と一般民事のみを取り扱う弁護士の相違という話だけではなく，具体的状況においては，同じ弁護士が，企業法務事件を取り扱う場合と一般民事を取り扱う場合の傾向の相違の話にもなり得ることにはご留意いただきたい。

⑵　キラキラしているのか？

　時々，企業法務弁護士になればキラキラした仕事ができる，と目を輝かせる若者に出会う。その夢を壊すのも申しわけないなぁ，と思いながらも，ついつい「実際は地味ですよ」と言ってしまうことがある。

　例えば，契約（第3章2参照）の仕事は，ビジネススキームの理解のために大量の資料を読み，それを契約書という形に落とし込み，細かな文言や内容の整合性を考える，という地道な仕事である。

　また，M&A（第6章3⑷参照）の仕事においては，デューディリジェンス（DD）という，開示された大量の資料を丹念に読み込んで，そこからリスクを分析するという業務があるが，これまた地道な作業の繰り返しである。

　もちろん，一部にはメディアに取り上げられるような華々しい仕事もあるし，「自分の仕事はこんなにキラキラしている！」とアピールする企業法務弁護士も存在するが，若者がキラキラした仕事としてイメージする仕事の量を企業法務全体の仕事量と比較すると，割合としてはかなり少ないと言わざるを得ない。

(3)　仕事は「楽」なのか？

　一般民事と比較して，企業法務の仕事が「楽」であるかと言われると，それぞれの人の感覚次第だろう。筆者は司法修習時代に一般民事事務所で弁護修習をしたが，その時に見聞きした一般民事の仕事と，現時点で中心的に行っている企業法務の仕事は，同じ軸で比較してどちらが楽か／大変かという評価にふさわしいものではない。単に「2つの（根っこでは共通しているものの）異なる仕事」という感覚を持っている。

　例えば，筆者が新人弁護士の頃に経験した，企業法務の特徴的な大変さを示すエピソードとして印象に残っているのは，ある大手企業の法務部門から，複数のインハウスの方（当時の筆者より期が上）が入って『注釈民法』[2]や我妻栄『民法講義』等を詳細に引用した法務見解が送付され，それを前提として我々弁護士の見解について問い合わせを受けた事案である。そのようなプレッシャーを受けながら事務所としての見解をまとめる業務の大変さは，1つの企業法務の大変さの例であるが，一般民事の大変さとは比較軸が異なるだろう。

(4)　合理的でロジックに基づく仕事なのか？

　企業法務が合理的でロジックに基づく仕事だ，という印象は，おそらく一般民事の依頼者の心理状態を反映したものだろう。すなわち，一般民事の依頼者は人生で一度きりの裁判等の重大事態に直面し，大変困惑しているところ，そのような状況では，いわゆる依頼者の感情のケアが重要になるのに対し，そのような側面が企業法務では少ないのではないか，という認識に基づくと思われる。確かに，

---

　2)　有斐閣刊行の代表的コンメンタール。その後『新版注釈民法』シリーズが概ね揃い，現在は『新注釈民法』シリーズが刊行中である。

そのような指摘が当てはまる側面がないわけではない。

　もっとも，企業法務でも例えば中小企業のオーナー社長にとって会社が訴えられたという状況は，その社長にとっての人生の一大事であり，一般民事と同様の感情面を含む全面的な対応が必要であろう3)。

　また大企業でも，例えば「法務が『違法』と言っても営業が言うことを聞かないので困っている」(第1章参照)といったような事態は十分にあり得る。そのような場合には，担当者の悩みを聞き，一定範囲でその精神的ケアを行うこともある。

　このように，決して，企業法務ならば全て合理性とロジックで解決するというような単純な話ではない。

(5) 裁判に行かず，オフィスで仕事が完結するのか

　確かに裁判をしない企業法務弁護士は存在する。ただ，裁判にも多少は関与する企業法務弁護士も少なくない。筆者も訴訟案件を多く取り扱っている。その意味で，一般民事は裁判所，企業法務はオフィスか在宅という単純な区分は適切ではない。

　また，裁判以外でも，企業法務との関係では，大学の研究者に鑑定意見書をもらいに大学に行く，公共政策法務で霞が関の官庁街や政治家のいる永田町に行くなど，外出をして行う業務も多い。

　もちろん，様々な形で業務のオンライン化が進んでいる。例えばコロナ禍前は，M&AのDDのために現地(買収の対象となる企業の本社や工場等)を訪問して話を聞いたり資料等を確認したりする業務は頻繁に発生していたが，昨今はオンライン会議におけるインタビューとバーチャルデータルームといわれるオンライン上の資料

---

3)　そこで，経営者に直接サービスを提供する企業法務と，法務担当者にサービスを提供する企業法務が区別して論じられることがある。

保管庫にアップされた資料のレビューに代替されつつある。今後もますますオンライン化は進んでいくと思われる。しかし，重要な事項について（事務所の会議室で，または依頼者の会社に赴いて）面談をして進める慣行が完全になくなるのは，仮にその日が来るとしてもかなり先だろう。

(6)　親族相続法や刑事法は扱わないのか

　確かに，企業法務弁護士の中でその専門を親族相続法や刑事法であると自任する人の占める割合が少ないことは間違いない。

　しかし，企業法務の中でもウェルスマネジメント（Wealth Management）の専門家（例えばオーナー社長の家族関係や事業承継を扱うプロフェッショナル）は，親族相続法を扱うことになる。また，銀行等では，預金者の相続に対する対応等を迫られる。さらに，ホワイトカラー犯罪ともいわれる企業犯罪について，社内調査をして，いわゆる司法取引に応じるかを判断するなどの業務は，企業法務の中に含まれる。ちなみに，筆者は企業法務だからこそ刑事弁護をやるべきという個人的な見解を有している（第9章参照）。

　このように企業法務といえども親族相続法や刑事法と無縁ではないのである。ただし，親族相続法や刑事法に関わるとしても，簡単な問題からレベルが高いものまで様々あることに注意しなければならない。全てを自分で対応するとか，全てを別の専門家に委ねるというよりは，問題を的確に判別し，基本的なものは自分で対応し，高度な専門性を要するものはそれを他の専門家に任せる，という対応が望ましいだろう4)。

---

4)　親族相続法や刑事法の基本的知識さえなければ，その問題が親族相続法や刑事法の問題だ，ということに気付くことさえできないかもしれない。

2　企業法務弁護士の果たすべき役割

(1)　企業法務弁護士の特徴とは

　1のように論じただけでは，企業法務弁護士の特徴がわからなくなるかもしれない。そこで，少し企業法務弁護士の特徴を考えてみたい。例えば業務面を見た場合において，以下のような内容の業務が企業法務弁護士の行う代表的なものだと言えるだろう。

・法律相談・助言（第4章参照）
・契約書を含む法的な書面のドラフト，レビュー（第3章参照）
・交渉（第5章参照）
・訴訟（第5章参照）

　一方，一般民事においても，法律相談で助言をしたり，書面作成に関与したり，交渉したり，訴訟をしたりしている。そこで，業務を大きな括りで見たところで，企業法務弁護士の特徴はあまり出てこないだろう。

　それでは，企業法務の特徴は何なのだろうか。筆者は，法務部門が行うリスク管理の過程に貢献し，組織としての意思決定を支援するところだと考える。すなわち，企業法務では長期的リスク管理を行っている[5]。企業は，短期的利益だけで考えるのではなく，先々のことも考えてリスクを管理していかなければならない。例えば，違法の可能性が高いものの利益率が高いビジネスに従事すれば，それによって短期的には大きな利益を上げられるかもしれないが，長期的には，どこかで違法だと指摘され，そのビジネスを終了せざ

---

5)　松尾剛行『キャリアデザインのための企業法務入門』7頁以下参照。

るを得なくなったり，場合によっては刑事・民事・行政上のペナル
ティを受け，社会から信用を失ったりしてしまうことは十分にあり
得るところである。だからこそ，目先の利益だけに惑わされるので
はなく，それが長期的な観点からも適切にリスクがコントロールさ
れているのか，という観点から，長期的リスク管理を実施すること
は重要である。企業法務弁護士はまさにその過程に関与し，依頼者
の法務部門による（法的リスクを中心とする）リスク管理を支援し，
実体と手続の双方の適正を確保することがその重要な役割である。
そして，これこそが企業法務弁護士の特徴と評することができるだ
ろう。

(2)　リスク管理と意思決定

(a)　リスク管理を支援する

　ここでいう「リスク管理」の支援の意味は，企業法務弁護士が実
施する相談・助言，契約書作成等の業務が，企業の法務部門の行う
リスク管理の目的に奉仕するということである。つまり，法的な意
味における正確性や詳細性という点は決して無価値というわけでは
ないものの，それはあくまでも良い仕事をする上での前提に留まっ
ており，「結局のところ，本件における現実的リスクは何で，それ
はどのような方法を用いることでどの程度低減され得るのか（およ
びその結果が自社として許容できる範囲に収まっているか）[6]」が問わ
れているのである。そのような観点からは単に「違法です」と返す
だけでは意味がないし，抽象的可能性に過ぎない非現実的リスクを

---

[6]　ただし，この括弧書きの判断の部分は，顧問弁護士もサポートするもの
の，企業内の法務担当者が主体的に判断を行い，その過程で生じた疑問点を
顧問弁護士に尋ねるなど，役割分担がなされていることが多いように思われ
る。

大量に挙げられても，いたずらに依頼者を混乱させるだけで無意味である。むしろ，現実的リスクを踏まえ，リスク管理のために実行可能な選択肢を具体的に検討し，提示することが重要である。

(b)　意思決定を支援する

そして，その依頼者の社内におけるリスク管理の過程は，意思決定の過程でもある。例えば外部弁護士の適法意見書を基に新規事業を実施する際において，依頼者は組織として，この程度のリスクであれば受容してプロジェクトを前に進めるという意思決定をしているところ，企業法務弁護士は，その意思決定過程に関与する。

もちろん，外部弁護士のリスクに関する見解や，契約書等の成果物を踏まえて，依頼者の社内においてプロジェクトを進めるに至る意思決定過程そのもの[7]は法務担当者が担ってくれるということも少なくない。しかし，企業法務弁護士として，内部の意思決定過程が待っているということを意識することは重要であり[8]，組織内の意思決定過程との関係でも有用な役割を果たすことが必要である。

(3)　法務担当者との二人三脚

企業法務弁護士がそのような本来の役割を果たすためには，法務担当者と二人三脚で，相互に協力し合う必要がある。

例えば，選択肢の実効性についていえば，各社には企業風土が存

---

[7]　例えば，稟議書に添付する法務見解メモを作成したり，一定のリスクが残るのであればそのリスクに関して，依頼部門にリスク告知を行うことなどである。リスク告知について，松尾剛行『キャリアデザインのための企業法務入門』80頁以下参照。

[8]　具体的には，依頼者が内部意思決定過程において利用しやすい成果物（例えば，法務見解メモに添付してそのまま使えるような弁護士意見）を提供したり，内部意思決定過程のスケジュールを踏まえた日程で業務を行うなどである。

在する。一般的には受容可能かもしれない選択肢であっても，その
ことと，「その会社」が受容できるかは別問題である。だからこそ，
実務上は一般論ではなく，個別論，つまり結果的に「その組織」で
受け容れられる選択肢であるかどうかが重要である。筆者はこれを
（社会受容性ならぬ）社内受容性と呼んでおり，例えばスタートアッ
プならば受け容れられるようなリスクを受容するよう提案をしても，
伝統的大企業としては受け容れられないかもしれない。また，後述
（3(1)参照）のような，正しいリスク評価と目的・手段の検討の際に
は，依頼者の事業をよりよく理解している法務担当者から支援を受
けることが重要である。そして，それ以外，例えば契約レビューや
案件対応においても，その会社における契約の自社雛形を基にした
文言としたいというニーズがある場合もあるし，案件対応を進める
上では，定款や社内規程上の制約があるかもしれない。さらに，依
頼者社内の意思決定過程（(2)(b)参照）についてもこれをよりよく理
解しているのは法務担当者である。そこで，企業法務弁護士は法務
担当者から必要なことを教えてもらいながら，共にプロジェクトを
進めていく必要がある。

3　役割をよりよく果たすために

(1)　正しいリスク評価を踏まえ，現実解につなげる

(a)　はじめに

　上記のとおり企業法務弁護士は，法務担当者との二人三脚で「現
実解」をアドバイスすべきである。この場合には，正しいリスク評
価と目的・手段の検討が重要である。

(b)　正しいリスク評価

　例えば，依頼者の法務担当者が事業部門の実施したい内容につい

て，XX 法に抵触するリスクがありそうなので，どうでしょうか」
と相談に来たとしよう。この場合において，単に「XX 法違反です
（XX 法に抵触するリスクがあります）」というだけではあまり意味が
ないだろう 9）。それを超えて，依頼者の法務担当者が事業部門と
コミュニケーションしてリスク管理策を決定できるよう，正しいリ
スク評価を行わなければならない。

　具体的には，XX 法について正しいリサーチを実施し（第 4 章 4
参照），その法律が具体的な取引に対してどの程度のリスクをもた
らすのかや，実は具体的な取引スキームの内容を少し変更するだけ
で有意にリスクを減らせるのではないかなどを考えるべきである。

　法的三段論法における法令とその解釈については，その点に関す
る弁護士としての知識と経験を買われて依頼されることが多いと思
われるが，前提事実と当てはめの際は事業に関する知識が必要であ
る。このような前提事実については，ヒト，モノ，カネ，情報，時
間，知財（ノウハウを含む）等のフレームワーク 10) が存在すると
言われているところ，これらは弁護士自身が調べるというよりは，
法務担当者に教えてもらう（2(3)参照），そして，法務担当者は必要
に応じて依頼部門等に問い合わせる場合が多いだろう。

(c)　目的・手段の検討により現実解につなげる

　現実解というのは，その目的が依頼部門の実現したい目的と合致
しており，手段が適法（法的リスクがコントロールされている）で，
その手段が現実に実行可能である対応策である。そこで，事業部門
とコミュニケーションを密に取り，本当に実現したい目的が何かを

---

9)　もちろん，XX 法違反のリスクを十分に検討しないまま OK と言ってしま
　うこともまた問題である。

10)　ただし，人間関係，感情，根回し，タイミング等の法的三段論法に乗っ
　てこないものも実務上は重要である。

明確にすることが重要である。繰り返しになるが，このコミュニケーションにおいては法務担当者が重要な役割を果たすことになる（2(3)参照）。そして，手段の適法性そのものについては企業法務弁護士の持つ法律の知識や経験が生かせるものの，その手段によって本当の意味で目的が実現できるか（目的が実現するとして事業部門が受け容れるか）については，法務担当者が重要な役割を果たすだろう。

　なお，場合によっては，複数の案が存在する場合もあるだろう。例えば，残存リスクは相対的には大きいものの事業部門の原案に近い案1と，残存リスクが相対的に小さいものの原案からは離れる案2を提示し，依頼者に選んでもらうこともあり得る（もちろん，案1および案2いずれも，そのリスクが絶対的には許容範囲内であることが前提である）。その場合でも，単に2つの案を提示するというだけではなく，それぞれのリスクについて具体的な説明をし，意思決定に利用できるようにすべきである。そして，選ばれた案に応じて契約書，利用規約，同意書等の作成といった具体的な書面への落とし込みを行う。

(2)　タイミングと「先手」

　企業法務においては，仮に適切なタイミングであれば100点の内容であっても，そのタイミングが悪ければ0点と評価されることもあり得る。例えば，交渉や訴訟で有力な「カード」（交渉につき第5章2参照）を持っていてもその使い所を間違えればその効果を発揮させることができない。そこで，先手先手で対応し，後手後手になることを避けるべきである。

　その観点からは，各案件のスケジュール感を踏まえて対応すべきである。例えば，行政対応（第8章参照）であれば，端緒が生じて

から，どのタイミングで報告徴収が来るか，どのタイミングでヒアリング等を求められるか等々のタイムラインを把握すべきである。これがわかっていれば，先手を取ることができる。先んじて社内調査を行い，調査結果を踏まえてケースセオリーを策定し，行政側に提示して理解を得るといったことが考えられる。

　しかし，法務担当者の賛同を得た後の社内意思決定に時間がかかり，対応が後手後手になるといった状況も発生し得る。前記（2(2) (b)参照）で意思決定過程の重要性を強調したことは，この点とも関連する。例えば，外資系企業であれば，日本子会社限りでは重要な意思決定をすることができないことから，グローバル本社やそのジェネラル・カウンセル（GC）の承認を得るため，成果物作成の次にその英訳が必要なことがある。

　もちろん，先手先手で対応することによって結果的には無駄な作業も生じることはあり得る。例えば相手が交渉段階で主張していた内容について，訴訟で主張された場合において適時に説得的な反論をするために事前にリーガルリサーチを行ったものの，結局相手は訴訟でその主張をしなかった，といった場合である。もちろんメリハリの観点から優先順位付けを行い，できるだけ無駄な作業は減らすべきではあるものの，後から考えると不要だったとなる作業はゼロにはならない。それでもなぜそれを今やるべきなのかを依頼者に説明し，その了解を得て先手先手で進めることが基本的な対応であろう。

　なお，タイミングにはコントロールできないものもある。例えば，行政対応の最中に急に別の大事件が起き，依頼者の案件がそれと比べて相対的に重要性が小さいという場合に，行政当局が依頼者の案件に対する関心を失うといった場合もある。また，依頼者の新規事業の開始直後に，（確かに類似しているものの法的リスクにおいて明

確に区別すべき）同業他社のビジネスが違法だとして行政処分を受けたり，犯罪として摘発されたりすることで，依頼者に対しても疑念の目が向けられるなど，「最悪のタイミング」となるということもあり得る。そこで，このようなコントロールをすることができないタイミングリスクについても，依頼者の意思決定においてリスク管理の対象とすべきリスクの 1 つとして織り込むべきである。

(3)　最新情報を踏まえたリスク評価と，獲得目標の複数設定・動的変更

　先手先手で対応する，という場合，単にスピードが速ければよいというものではない。正しい方向に向けた対応が適切なタイミングで行われることによって有用性が増す，というのが本質である。そこで，どこが目指すゴールなのか，という点が重要である。

　その意味では，獲得目標という概念が重要であろう。つまり，その時点における「これを得よう」という目標である。そして，その目標設定のためには最新情報を常に収集し続け，獲得可能性や将来におけるその可能性の変動のリスク等を踏まえて検討することが必要であろう。そして獲得目標は 1 つではなく複数設定し，状況に応じて動的に変更していくべきである。

　例えば，行政対応であれば，「無罪放免」という獲得目標や，「行政指導に留めて許認可取消し等の行政処分を回避する」という獲得目標が潜在的にはあり得る。このような場合においては，複数の獲得目標を想定すべきである。例えば，無罪放免というのがもちろんベストの獲得目標ではあろうが，そもそも行政対応が必要になったことを踏まえると，本当に無罪放免が現実的かという問題がある。行政側の疑問の内容が完全に事実無根ならともかく，やはり依頼者側にも相応の落ち度がある場合に，闇雲に「何も悪くない，無罪放

免にしなければ行政訴訟するぞ，と突っぱねる」対応は行政当局の
心証を悪化させかねないので，必ずしも適切ではない。そうすると，
依頼者の落ち度の程度が不明である，という状況では，以下のよう
な複数のシナリオがあり得るだろう。

・もし行政が勘違いしているだけなのであれば無罪放免を獲得（ベス
　トシナリオ）
・もし行政の主張にも相応の理由があれば全て自主的に是正済みなの
　で，行政処分を打たなくても大丈夫だとして行政指導に留める（セ
　カンドベストシナリオ）

　その上で，それぞれの時点で判明した最新情報からリスクを評価
し，「セカンドベストシナリオの可能性が一番高い」といった判断
をして，それに向けて対応を実施することになる。
　このように，常に複数の獲得目標を設定し，複数のシナリオを想
定しながら，いずれの事態になっても対応できるように先手先手で
準備を進めていくべきである。
　上記の獲得目標の例は紛争解決法務（第5章参照）の例であるが，
予防法務（第3章・第4章参照）にも応用することが可能である。
例えば，契約交渉（第3章参照）で知財条項が重要な場合なのに，
知財条項について希望の内容から相当以上譲歩せざるを得ない場合，
基本契約ではなく単発の契約に切り替え，「この契約においては知
財条項は譲歩するが，今後の協業を進めたいのであれば，ある程度
こちらの意向を汲んだ知財条項を内容とする基本契約を別途締結し
てほしい」と要求するとか，公共政策法務（第7章参照）で「一番
の希望はグレーゾーン解消制度を利用した明確なシロ判定だが，当
初は弁護士意見書と所轄官庁に対する匿名電話相談の結果に基づき
いずれもポジティブな方向性ならまずは小規模で開始する。そして

現在の規模を大きく拡大する段階で別途グレーゾーン解消制度を利用しよう」といった対応をするなどである。

⑷　役割をよりよく果たすために必要なもの

　このような役割をよりよく果たすため，企業法務弁護士にとって何が必要であろうか。

　まずは法律の知識およびリサーチ能力が必要である。例えば，法律の条文だけ見ると目の前の案件が適法かどうか怪しい場合であっても，ガイドライン等で解釈が明確化されていて，実務上はほぼリスクが存在しないかもしれない。また，法的手続の内容・書式等やその実務的なタイムラインを知ることは非常に有益であり，それがわからないと後手後手になりかねない。

　次は事業の理解であり，例えば「○○の許可を得れば取引は実行できます」といっても，その許可を得ることがその依頼者の事業内容等に鑑み現実的でなければ，それは到底現実解とはいえない。だからこそ，企業法務弁護士は法務担当者と二人三脚でコミュニケーションすべきである（2⑶参照）。

　意外かもしれないが，重要なものとして人当たりがある。あくまでもあるべき姿論（sollen）ではなく，現実に関する筆者の理解（sein）に過ぎないが，人は往々にして，誰がどのように言ったかをその内容がどうであるかよりも重視するものである。いつも明るく前向きにアドバイスすることで，法務担当者にとって相談したい弁護士になるべきである。同じ事案でも，初期段階であれば打つことができる手の幅も広いため，早めの段階で依頼をしてもらうことは弁護士としての役割を果たす上で重要である 11）。

　11）　明るさと愛嬌の重要性を強調する，才口千晴『新 弁護士読本』59頁・92頁も参照。

　最後は経験である。本書を含む書籍やセミナー等で得られる知識
もあるが，実践による学びが必須である。具体的な事案における対
応を経験することで，書籍等で得た知識を有機的に結合することが
できる。それを踏まえて，他の事案に対してより適切に臨むことが
できる。依頼者としても（別の似た事案に関する守秘義務を遵守す
ることは大前提として）「別の似た案件ではこうやった。この事案とこ
こが違うから，この点は本件ではこのように変えて実施すべきであ
る」という説明がなされる方が安心だろう。

4　企業法務弁護士のキャリアプランニング

　第1章4において弁護士全般のキャリアプランニングについて概
括的に述べたが，以下では企業法務弁護士のキャリアについて，補
足したい。
　筆者のように新人弁護士として入所した事務所において持ち上が
りでパートナーになるキャリア以外にも，企業法務弁護士には様々
なキャリア上の選択肢が存在する。
　特に近時では，インハウスのキャリアがますます注目されている。
つまり，企業法務に関する知見を活かして企業内（あるいは行政機
関やNPO等）で働くということである。企業内部の視点・役割と，
企業外部の視点・役割は異なる。インハウスのキャリアを選ぶべき
か否かは，どちらが自分に適合しているかによるだろう[12]。また，
独立や別事務所へのパートナー加入の例も見られる。
　このようなキャリアを考える上では，「誰」から事件を依頼され
るかという視点が重要である[13]。多くの企業法務事務所では，パ

---

12)　なお，インハウスをしながら副業で弁護士として他の企業の案件の対応
　　をする人もいる。

ートナーが，アソシエイトに仕事を依頼することになる。ただ，個人事件の受任が可能な事務所も少なくない。そうすると，アソシエイトとして事務所の仕事をしながら，同時に自分で仕事を獲得することも可能となる。この場合，1 年目の弁護士の個人事件として東証プライム上場企業の仕事が来ることは稀であろう。ただ，若手であってもスタートアップ等からの相談ニーズはあり，それに応えることで，企業法務弁護士業務に必要な各プロセス，例えば，サービス・ラインアップの決定，認知獲得，案件化，商談，受任（見積書作成，社内稟議支援，委任契約書作成），事件処理，請求・着金等の経験を積むことができる。事件処理そのものは事務所事件でも経験することができるが，その前後における他のプロセスの経験は貴重である。もちろん，このような個人事件についてはコンフリクトや，事務所事件と個人事件のバランス等，様々な悩みが生じ得るところである。もっとも，これらの悩みはパートナーに昇格した後でも同様に発生し得る。そのため，今後も自分が直接顧客からある程度以上の依頼を受ける形のキャリアを進めたいと考えるのであれば，その事務所が個人事件を許していて，アソシエイト時代からこのような経験ができるのであれば，それを経験しておくに越したことはないだろう 14)。事務所によってはパートナー就任後も 100% 他のパートナーの仕事を続けることで問題がないところもあるが，パートナーならば，ある程度以上は「自分の仕事を取ってくる」ことが期待されるところもある。その事務所のパートナーに対する期待と，

---

13)　インハウスは，ある意味では「その会社のみの依頼を受けている」ともいえる。

14)　なお，留学制度を有している事務所において留学中に既存顧客にどう対応するかなどいろいろな実務上のイシューは生じ得るが，ある程度以上の人数と歴史がある事務所であれば，このような事象に対しては対応経験があるだろう。

自分自身の選好の擦り合わせ次第で，ゆくゆく（典型的にはパートナー就任後において）「誰」から事件を依頼されるかが変わってくるであろう[15]。

　なお，起業をする弁護士も増加しており，リーガルテック（終章参照）など自分の強みを活かすことができる分野で起業することも興味深いキャリアである。

> POINT <

▶ 企業法務の仕事の大部分は地味である。抽象的なイメージにとどまらず，具体的な実像を把握しよう。

▶ 企業の法務部門は，長期的リスク管理を行うため，全社的な意思決定過程へ関与する。

▶ 企業法務弁護士は，具体的内容に応じた正確なリスク評価を前提に，依頼部門の目的と合致する，法的リスクがコントロールされた，実行可能な現実解を模索し，上記の法務部門の役割をよりよく果たすため，法務担当者と二人三脚で対応すべきである。

▶ 企業法務においては，正しい方向に向けた対応を適切なタイミングで行って，法務担当者の悩みを解決することが重要である。

▶ 上記役割をよりよく果たすには，法律知識・リサーチ能力のみならず，事業理解や人当たり，経験に基づく実践知も必要となる。

▶ 法律事務所の弁護士以外にも，インハウスや起業する弁護士も増加している。どのような視点をもって，どのような役割を担いたいか，誰から事件を依頼されたいか，自分の強みを活かせるかという観点からキャリアを考えよう。

---

15)　近時では，アソシエイト的な働き方を長く続けたい弁護士も増えており，そのようなニーズを踏まえてカウンセル制度等を設ける事務所もある。

▶Column　リサーチの原点

　筆者が弁護士になって最初に受任した件においては，会社法のこれまでにない論点について徹底的なリサーチを行った。会社法の基本書・体系書等における関連する記述を確認するとともに，関連しそうな論文や判例を渉猟した。その事案は，結果的には，控訴審で勝訴的和解に至ることができたが，そこに至るまでの徹底的なリサーチ経験は筆者のリサーチの原点である。

　CiNii Research, 国立国会図書館オンライン等を利用して文献リストを作成し，文献に引用される文献をさらに芋づる式に辿っていくと，最初は文献数がどんどん増えてくる（文献数が発散する）が，それでもさらに情報を収集し続けると，どの文献も既に確認済みの文献を引用しているという状態に至り，いわば「収束」する。上記の会社法の事案のリーガルリサーチの経験を通じて，この永遠とも思われる発散の過程を経て収束するまで徹底的に調べ尽くす，という感覚を肌で理解することができた。

　もちろん，全ての事案でそこまでの徹底したリサーチを行うことはできない。実際には時間との関係で，一定の限界が出てくる。そうではあっても，「100％ やり切るのであればこの程度まで調べるが，今回は時間の関係で 60％ までで止める」といった感覚を持ってリサーチを進める上で，100％ が何かを知ることが重要である。その意味で，最初期に「もし最後まで徹底してリサーチをするならこの程度までしなければならない」ということを経験することができたことは，その後のリサーチを進める上での糧になった。

　筆者が弁護士になった 15 年以上前は，リーガルリサーチを行う場合の対象となる資料の大部分が紙の資料であり，ようやく判例がデータベース化されたという程度であったが，最近はデータベース化された資料の割合が高まっており，リサーチに関する技術も進展した。例えば，徹底的に調べ尽くす場合には，多数の法律書の中身をキーワード検索をして，どの本に関係する記載があるかを教えてくれる Lion Bolt 等を使うことで，効率的に，関係する書籍・論文を選別することができる。今後も，リサーチに関する具体的な方法そのものは大きく様変わりすると思われる（終章参照）。それでも，徹底的に調べ尽くす経験というものは，若手弁護士のみなさんにぜひ体験していただきたいことの１つである。

第**3**章 予防法務 1
―― 契 約 ――

1 予防法務のポイント

　本章と次章にかけて，予防法務の主要業務たる契約レビュー（2
参照），法律相談（第4章1参照），意見書作成（第4章2参照），規
程対応・社内研修（第4章3参照），そしてこれらの業務の基礎と
なるリサーチ（第4章4参照）について説明していく。その総論と
して，ここで予防法務のポイントを簡単にまとめたい。

　予防法務においては，これから行われる具体的プロジェクト等に
ついて，法務部門が気になる点を弁護士に相談したり，契約のドラ
フトやレビューを依頼することから弁護士の仕事が始まる。

　予防法務と紛争解決法務（第5章参照）の相違点は多数存在する
が，筆者が重要だと考えるのは，予防法務が法的効果を先行させる
傾向にあるのに対し，紛争解決法務が事実を先行させる傾向にある
という点である。簡単に示すとこういうことである1)。

---

1)　もちろん，法的三段論法における前提事実と法的効果は相互に密接な関
　係がある。その意味ではこの図はあくまでも「模式的」なものである。

　第 2 章 3 (1)(c)で目的と手段の重要性を述べた。そして，そこでいう目的は法的効果と密接に関連し，手段は前提事実と密接に関連する。

　紛争解決法務は（短時間で正確に事実関係を把握できるのかという問題はあるものの）基本的には，既に何かが発生した後の話であり，既発生の前提事実は基本的に動かせない。例えば，納入済みの製品についてトラブルが報告された，という場合において，既に納入した製品がどのようなものだったのか，ということ自体は動かしようがない。よって，まずは前提事実が何かを正確に把握した上で，その前提事実を踏まえて最も望ましい法的効果や事実上の効果を得るためには，どのようなロジックを利用し，どのように対応するべきかという思考過程をたどる傾向にある。この例であればそもそも製品に契約不適合がないことから，相手に契約不適合がないと説明して理解を得るといった対応や，製品に契約不適合があるもののすぐに修理可能なので，エンジニアを派遣して速やかに修理をして謝罪するといった対応が考えられる。

　これに対し，予防法務では，これから行われる企業活動の内容がどうあるべきかについて法的リスク管理の観点から意思決定していく。そこで，望ましい法的効果を得られる前提事実としてどのようなものがあり得るかを考えるという思考過程をたどる傾向にある。例えば，そのまま進めれば違法となる可能性がある取引について，関係する法令の要件を踏まえると，現時点でどの要件に該当するために違法とされる可能性があるのか，その要件に該当することを回避するにはどのような事実を前提とすればよいのか（取引の内容をどのように変更すればよいのか），といった検討をすることになる。

　予防法務のよいところは，弁護士がうまく関与することで，依頼者としてリスクを低減しながら収益の確保を実現することができる

ことである。例えば，現時点で依頼部門が希望している内容そのまま
まで進めると法的リスクが高いものの，ある要素を少し変えるだけ
で法的リスクを圧倒的に少なくして前に進むことができるかもしれ
ない。そのような現実的代替案の提案と，成果物の作成（エグゼキ
ューション）が企業法務弁護士の重要な役割であって，これを達成
することができれば，その案件のリスク管理は成功であると言って
も差し支えないだろう。

2　契約法務

⑴　契約関連業務の流れ

　一口に契約関連業務といっても，新人弁護士にとっては，具体的
に何をするのかがわかりにくいだろう。

　簡単な案件と，複雑な案件に分けてイメージを説明したい。

> 事例1：依頼者であるコンサルタントが，相手方との間でコンサルテ
> ィングの前提として，秘密保持契約を締結しようと持ちかけられ，
> 相手方から雛形を渡された。

　この事例では，比較的定型的な秘密保持契約（NDA)[2] の雛形が，
依頼者の法務担当者からメールで（最近はビジネスチャットを利用
する例も増えている）顧問弁護士に送られてくる。そして，顧問弁
護士はそのドラフトを修正をしたりコメントを付けて返却したりす
る。もし，依頼者の法務担当者として何か質問があればそこでやり
とりが発生するし，依頼者として OK であれば，コメントを反映

---

　2)　秘密保持契約については，松尾剛行『キャリアデザインのための企業法
　　務入門』第2章を参照されたい。

して依頼者から相手方に送る。その内容で契約を締結することができればそこで終わりである。もし，相手方からフィードバックがあれば，再度顧問弁護士に戻ってくることもある。

> **事例2：依頼者であるメーカーが，AI企業（相手方）との間で，AIを利用して製造ラインの効率化を図るためのプロジェクトを進めたいところ，どのような書面を作成すべきかわからない。**

　この事例は，そもそもどのような契約書をどの段階で作成するべきか，といった部分から議論が必要である。AIの開発については，『紛争解決のためのシステム開発法務——AI・アジャイル・パッケージ開発等のトラブル対応』[3] において詳しく紹介したが，AI開発プロジェクトは失敗の可能性が高いことから，各段階を区切って徐々に練り上げる方式が採用されることが多い。それぞれの段階で締結すべき契約書については，経済産業省等が雛形を公表している[4] ものの，プロジェクトの性質に応じたテイラーメイドの修正が必要なことも多い。また，そのプロジェクトが個人情報を取り扱うものなのか，それとも製造ライン上の製品の情報だけを使うものなのかなど，取り扱う情報によっても留意点が異なる。そこで，依頼を受けた顧問弁護士は，まずは依頼者との会議（現在はウェブ会議も多い）を提案するだろう。その中で，具体的にどのような方法でAIを利用して製造ラインを効率化する予定であるかなどの説明を受け，また，依頼者・相手方双方のそれまでのAI開発の経験，

---

3)　松尾剛行＝西村友海『紛争解決のためのシステム開発法務——AI・アジャイル・パッケージ開発等のトラブル対応』（法律文化社，2022年）。
4)　「AI・データの利用に関する契約ガイドライン 1.1 版」（https://warp.da.ndl.go.jp/info:ndljp/pid/11433651/www.meti.go.jp/press/2019/12/20191209001/20191209001-1.pdf）参照。

データの蓄積状況等を踏まえて,「プロジェクトをどのように区切るべきか」といったことも提案する。こうして現段階で作成すべき書面の内容が決まれば,顧問弁護士が契約書案を作成する。その後は事例1と同じである。

(2)　契約を通じた取引のデザイン

(a)　契約業務が「取引をデザインする」一環に位置付けられること

　　──事業部が他社と共同で取り組んで画期的な新製品を発売したいという課題の解決を担い,その相手方との関係性をどのようにすればいいかを提案し,場合によっては,契約書という形でデザインし,事業部の課題,あるいはその相手方の課題も解決していく。それがたまたま「共同開発契約」が解決手段であれば,デザイナーがロゴを提案するように,それを提案していく──[5]

　これは企業の法務部門において長い経験をお持ちの方が著された『希望の法務──法的三段論法を超えて』の中の一節だが,法務と顧問弁護士が協働して取引をデザインし,その中で,契約が最適であれば,契約書を作成する,という発想は非常に重要である。

　若手弁護士はその契約書しか見ていないことがしばしば見受けられる。すなわち事例1のように,依頼者から契約書が送られることは多いが,送られてきたその契約書だけに視野が狭められ,それがどのような取引のために作成される予定のものなのかという部分への想像力を働かせることが難しい。

　依頼者の事業部門には,始めたいビジネス(取引)に関し,何らかのイメージがある。そのイメージは,必ずしも法律に適合していなかったり,法的リスクが高かったりするかもしれない。そこで,

[5]　明司雅宏『希望の法務──法的三段論法を超えて』(商事法務,2020年)48頁から引用。

依頼者の法務部門と顧問弁護士が協力して，それを法的リスク管理の観点から適切なものへとデザインする。そして，契約というのはそのような取引のデザインの手段であって，契約というものそれ自体が目的ではないのである。

　このような契約や法務の役割は，『ここからはじめる企業法務——未来をかたちにするマインドセット』[6] では「道路を敷く」と表現されているが，目的がビジネスの実現であり，その手段が契約（法務）だ，という観点は，前掲書における議論とも一脈通じるところがあるように思われる。

(b)　なぜ契約なのか

　契約の役割が，そのような取引をデザインする際の手段だとすると，なぜ取引をデザインする場面において「契約」が使われることが多いのだろうか。つまり，なぜ手段として契約が選ばれるのだろうか。

　1 つ目の理由は，権利義務は目に見えないところ，契約はそれを可視化する方法だ，という点を挙げることができるだろう。つまり，ここでいう取引（ビジネス）は法的には両当事者の権利義務に還元されるところ，そのままでは目に見えない権利義務を可視化するためには，要件となる事実とその効果（法的効果）を契約書に記載する必要がある。

　2 つ目の理由は，依頼部門が気付いていない詰めが甘いところを詰めるきっかけとなる。つまり，(a)で述べた通り，依頼部門はある程度のビジネスのイメージを持っている。しかし，それはビジネスの観点からは十分であっても，法律や法的リスク管理の観点からは不十分かもしれない。例えば，依頼部門は「うまくいった場合」の

---

6)　登島和弘『ここからはじめる企業法務——未来をかたちにするマインドセット』（英治出版，2021 年）。

イメージだけを持っていて,「うまくいかなかった場合」について
のイメージを持っていないかもしれない。そのような依頼部門の詰
めの甘さを検証する方法には様々なものがあるものの,契約書の作
成過程でこのような不足点に気付くことは多い。だからこそ,契約
レビューにおいては現在存在している条項の適否だけではなく,
「足りない条項」や「考慮が足りない部分」の確認が重要である。

　3つ目の理由は2つ目とも重なるが,契約がリスク管理の道具だ
ということである。つまり,法務は情報を利用して長期的リスク管
理を行うところ,その重要な手段が契約である。例えば,契約では
ビジネスにおいて,どのような状況が発生したら,当事者の責任等
がどうなるか [7],という点が規定されているが,これこそまさに
当事者間のリスク配分である。また,自社としてどの程度のリスク
であれば合理的と判断して受け容れるかを判断をする上で,リスク
配分が契約書において書面化されていることは重要である [8]。

　とはいえ,契約書だけによって全てのリスクを管理することは到
底不可能である。想定される取引リスクを踏まえ,取引先の与信を
踏まえた最大取引額の決定,担保徴収,保険の付保等の最大限のこ
とはした上で,最後はどこかで依頼部門の責任者が腹を括らなけれ
ばならない。法務部門および企業法務弁護士がこのプロセスをサポ
ートする。

---

7)　例えばA社がB社に対して負う損害賠償の上限が1億円という意味は,1
　億円まではA社がリスクをとり,それを超えた部分はB社がリスクを取る
　ということである。
8)　相手方との関係でリスク配分が確定しているということと,自社内の手
　続上その自社に配分されたリスクを受け容れることが書面で確認されている
　ことの双方が重要である。

(3)　契約法務に必要な知識

(a)　法律知識

契約法務を行う上でリスクを適切に配分するためには，一定以上の法律知識が必要である。

企業法務弁護士は，契約法務を実施するにあたって，まずは民法等に規定される任意規定を把握していないといけない。各条項をどのように構成するかについては，その契約がどの契約類型に該当するのか，その契約類型について民法がどのような任意規定の束 9) を有しているのかが最低限のベースになるだろう。つまり，それぞれの任意規定に関する，もし何も特約を結ばないとどうなるかについての知識を前提に，具体的事案，特に企業間取引実務においては合意時点と履行時点の間に時的乖離が存在する 10) ことを踏まえて，それをどう上書きするか／しないかを考え，条項を定める 11)。もちろん，非典型契約も存在するが，そうであったとしても，具体的なその非典型契約や，具体的なその取引と相対的に類似する契約類型の任意規定は参考になる。

加えて，強行法規の知識も必要である。例えば，相談を受けた取引に対しては，業法等の規制が存在するかもしれない。下請法 12) 等の規制のために，依頼者が希望する契約条件が実現できないかもしれない。個人情報保護法に基づく対応が必要かもしれない。税法

---

9)　例えば売買契約なら民法 555 条以下，請負契約なら（民法 559 条で準用される売買契約の規定に加え）民法 632 条以下に規定される。

10)　例えば，スーパーで物を買うことが売買契約の例として挙げられることがあるが，このようないわゆる現実売買では合意時点と履行時点の乖離がなく，契約書を作成する必要性が低い。

11)　仮に任意規定と全く同じ内容であっても，念のため契約に定めておくことはよく見られるし，これによって法律を知らない依頼部門の人も，契約さえ見れば合意内容が理解できるという意味がある。

12)　松尾剛行『キャリアデザインのための企業法務入門』91 頁以下参照。

による制約があるかもしれない。さらには輸出管理，海外送金など
に関して注意すべき落とし穴があるかもしれない。

(b) 具体的な取引の内容に関する理解

取引をデザインし，それを契約に落とし込むのだから，具体的な
取引の内容を理解することは必須である。取引の全体像を理解し，
自社がその中で何をしてどのように利益を上げるのかといった事業
部門側の視点を持たなければ，適切なリスク管理は望めない[13]。

例えば，事例1のNDAのレビュー事案は比較的シンプルな案件
である。その意味では，1年目の新人弁護士がこのような案件を担
当することは多いと思われる。しかし，どのようなビジネスを前提
としたNDAであるかによって，そのNDAレビューとして新人弁
護士が行うべき内容は変わってくるだろう。例えば，前記事例1に
おいて依頼者がコンサルティングを実施するために，相手方の経営
戦略等の非公開情報をいろいろ教えてもらうとなると，基本的には
依頼者が情報を受領する側なので，NDAをレビューする際には，
情報受領側の義務を合理的な範囲で軽くすることになる。これに対
し，コンサルティングの内容として，依頼者が相手にいろいろな情
報を教えるなら，基本的には相手方が情報を受領する側なので，情
報受領側の義務を合理的な範囲で重くすることになる。要するに
NDAという契約類型自体は同じであっても，取引の具体的内容次
第で，あるべき契約書の内容が変わるのである。

(c) 重要な契約類型における基本的な考え方

以上述べてきたことを，重要な契約類型である売買契約と業務委
託契約に落とし込む場合の基本的な考え方を簡潔にまとめておこう。

例えば，売買契約においては，依頼者が売主か，それとも買主か

---

13) ただ，法務による取引に対する管理はリスク管理のために行うものであ
る。そこで，営業部門が行う取引に対する管理とは必然的に異なってくる。

という視点が重要である。それは，どちらの当事者かによってリスク管理上の力点が異なるからである。また，それが単発の契約か，それとも，今後も引き続き適用される基本契約かという点も重要である。それは，基本契約であれば目の前の案件だけに留まらず，将来にわたって当該基本契約に基づいて行われる様々な取引の可能性も踏まえてリスク管理をすることが必要になるからである。どちらの当事者であるかを問わず重要なのは，目的物，価格，引渡し方法，支払方法等の重要な事項について誤解がないように明記されているかという点である。そして，もしも自社が売主であれば，どのように代金回収を確保するのかを重視すべきである。ただし，人的担保（保証）や物的担保（抵当権等）といった契約上の対応に加え，とりわけ継続的契約であれば，与信管理といって，その買主に対して合計いくらまでであれば売掛金として支払を待つことができるのか，という点を考え，その金額を上回らないように管理をするなど，契約外の対応も重要である。これに対し，もし自社が買主であれば，目的物について，品質・予算・納期（quality, cost and delivery: QCD）が確保される形で確実に引渡しを受けるにはどうすればよいかを考えることが重要である。この場合においても，例えば自社として適切に情報を提供し，仕様を明確にするなどしなければQCD は実現しないため，前提として自社がやるべきことを確認するなどの契約外の対応も重要である。

　業務委託契約と称される契約は法的には請負（民法 632 条）の場合と準委任（民法 656 条）の場合がある。受託者としては請負であれば完成義務が重く，準委任ならば善管注意義務が重い。しかし，請負であればどのような仕様のものを完成させるべきか，準委任であれば具体的にどのようなタスクをどのように遂行するのかが契約上 14) 明記されれば，ある意味ではその明記された内容を遂行・実

現していることこそが自社の義務の履行の何よりの説明になるので，このような内容を契約書で明記するべきである。

⑷　どのように契約をドラフト・レビューするか

⒜　はじめに

最後に，各論として契約のドラフト・レビュー上の実務的留意点を述べる。先にそれが契約ドラフトでもレビューでも当てはまる事項を述べた上で，契約ドラフトおよび契約レビューそれぞれに特有の留意点を述べる。なお，契約業務の基礎については既に『キャリアデザインのための企業法務入門』でも述べたところであり，本書では，そのような基本的な内容の理解を踏まえた，弁護士としての立場からの契約ドラフト・レビューという観点での留意点を説明することとする。

⒝　契約を取引の内容に適合させる

残念ながら，実務ではその取引内容に適合していない契約書雛形が利用されたり，異なる契約類型の契約書が利用されたりする。例えば，システム開発契約なのになぜか物品売買基本契約の雛形が相手から送られてきている場合や，クラウドサービス契約なのに成果物の納入と検収を前提とする請負契約雛形が相手から送られてきている場合などもある[15]。

また，具体的な契約の内容が当該取引と合致していないこともある。例えば依頼者がB社であって，B社がA社から購入したものをC社に売る（A→B→C）転売案件[16]において，C社（買主）と

---

14)　ただし，契約書別紙に明記する場合や，事案によっては「仕様書」「SoW（Statement of Work）」等に明記すると契約書で定め，そのような契約書外の書類に明記する場合もあるだろう。

15)　松尾剛行『クラウド情報管理の法律実務〔第2版〕』（弘文堂，2023年）74頁を参照。

B 社（依頼者）と間の契約条件と，A 社（売主）と B 社（依頼者）
と間の契約条件が異なる場合，それが意図的な場合であればともか
く，もしそうでなければその相違の部分について依頼者がリスクを
負うことになる[17]。

　個別の条項の文言以前に，そもそもその契約で描かれている取引
と実際の取引が合致しているのか注意すべきである。

(c)　現実的リスクへの対処

　契約レビュー業務について，「自社雛形や任意規定と比較して，
自社に不利なところがどこかを確認し，有利になるようにする」と
いうものと理解している人もいるかもしれない。確かに，一定程度
そのような側面が存在することは否定できない。例えば，反社条項
（反社会的勢力ではないことを表明保証し，違反に対するペナルティを
定める条項）について，依頼者だけが一方的に義務を負うものであ
れば，これを相互的に義務を負うものへと変更するといった対応が
典型的である[18]。ただし，契約書中の自社にとって不利な箇所の
特定・（中立的または有利な方向への）修正に関する支援は，リーガ
ルテックの得意とするところである（終章参照）。

　すると，人間の弁護士こそが果たすべき役割という観点からいえ
ば，むしろ，具体的な取引を踏まえて当該事案における現実的リス

---

16)　自社が B 社で A 社に下請として製造させたものを C 社に売る
　　（A→B→C）下請案件でも類似の状況が生じる。ただし下請法に留意が必要
　　である。

17)　例えば，依頼者・買主間契約（BC 間契約）の納期が 2023 年 12 月 31 日，
　　依頼者・売主間契約（AB 間契約）の納期が 2024 年 1 月 31 日であれば，売
　　主である A 社が依頼者・売主間契約の納期を遵守しても，依頼者は依頼
　　者・買主間契約の納期に間に合わず，C 社（買主）との関係で債務不履行に
　　なる。

18)　平等の視点については，松尾剛行『キャリアデザインのための企業法務
　　入門』49 頁を参照。

ク（第2章2(2)(a)参照）は何であって，それを管理するためにはどのような文言が適切か，という観点で契約ドラフトやレビューを行うことが重要となるだろう。

　例えば，自社が製造するのであれば，一般的には自社が契約不適合責任等を負うことになる。しかし，仮にA社が特殊な部品を作った上で，その部品を組み込んだ製品を依頼者（B社）が製造し，A社の親会社であるC社に納入する（A→B→C）という事案で，当該特殊部品については依頼者に知見がないという場合，リスクをA社・C社側に移転するため，C社から損害賠償を受けた後でA社に求償するのではなく，そもそも特殊部品に起因する場合には，C社（およびA社）はそもそも依頼者に損害賠償等を請求できないようにする，といった内容で合意すべき場合もあるだろう。このように，契約の条項はこうあるべき，という一般論ではなく，個別具体的な取引の実情に応じた契約レビューが必須である。

　そのような現実的リスクに対する適切な対応のためには，できるだけ具体的に状況を理解し，「もしこうなった場合には，こういう打ち手を講じる」とか「もしあなった場合には，ああいう打ち手を講じる」といった形で多重の対応を検討し，「次の一手」を契約に落とし込むべきである（第2章3(2)参照）。例えば，契約の相手方の業務遂行方法に問題があることによって，規制法に違反して違法とされるリスクがある場合，まずは業務遂行において法令を遵守することを確約させる。その上で，万が一業務遂行が違法とされても，相手方にそれにより被った損害について賠償させ，第三者から損害賠償を請求された場合に自社（依頼者）を免責させる，といった形が考えられる。

(d) インセンティブの検討

　相手方にどのように契約を遵守してもらうかというのも問題であ

る。もちろん，そもそもその義務が相手方として履行できないようなものではないかという観点もあるが，ここではむしろ，相手方が履行できるのにもかかわらず履行しない場合を問題としている。

　例えば，「この契約に違反したら 1 億円の違約金を払わなければならない」と規定するとしよう。この場合に「こんなに多くの違約金に合意したのだから，さすがに契約を履行するだろう」と考えるかもしれないが，必ずしもそうではない。特に国際取引（第 10 章参照）においては，その契約に違反することで 10 億円の利益が得られるという場合，「たった 1 億円を支払うだけで 10 億円の利益が得られるならば契約を破ろう」と，むしろ契約を破ることの動機付けを与えてしまうかもしれない[19]。

　そうすると，いかに依頼者が望むように相手方に動いてもらうかを考え，それを契約条項に結実させるという，インセンティブの検討が重要である。例えば，合弁契約（第 10 章参照）において，相手方に営業を担当してもらうという場合，「利益配分は一定額まで相手方 8 割，依頼者 2 割だが，それを超えた部分は，依頼者 8 割，相手方 2 割」と規定したとして，（依頼者が期待したように）うまくいく（利益がその一定額を超えて，8 割の利益を依頼者が得られるようになる）のかといえば，相手はその一定額の実現までは頑張って営業をするが，通常はそれを超えては頑張らないのではないだろうか。

　ある特定の望ましい状況を実現する方法は様々なものがあり得る。当然のことながら，当該状況について直接その実現を義務付ける方法はあるだろう。例えば，何らかの目標を定め，それを達成した場

---

19)　このような事態への対応の一般論としては，違約金の額が実際の損害や相手方の利益を下回った場合，差額を追加的に賠償するといった内容とすることが考えられるものの，それだけで全てが解決するものではない。

合に報酬[20]，未達の場合にペナルティを定めるという方法である。しかしこれ以外にも，もし問題のある状況になっていたらそのことが速やかに判明するように，通知義務，資料提供義務や監査応諾義務等を課すことで，実効性を確保するといった方法もあるだろう。

(e) 依頼者（法務担当者）とのコミュニケーション

前記のような具体的取引内容に応じた契約ドラフト・レビューを行うためには，企業法務弁護士として依頼者・法務担当者とのコミュニケーション（第2章参照）が重要である。

また，案件ごとに，依頼者として何を求めるかは異なり得る。時間をかけて細かく修正・コメントしてほしいのか，時間がないのでザッと確認してほしいのか，特定の懸念点があり基本的にはその懸念点について検討してほしいのかなど，依頼者の希望・期待する内容を確認し，それに基づきレビューすべきである。例えば，1頁のNDA（秘密保持契約）を10日間かけて微に入り細に入り修正し，詳細なコメントを付して返すというのはオーバーな対応で，依頼者の意向に従ったものとは言えないことが多いだろう。

(f) 契約外のリスク管理対応

加えて，既に言及したとおり（(3)(c)参照），契約書が締結される場合であっても，必ず契約外のリスク管理対応を検討する必要がある。すなわち，契約はあくまでもリスク管理の1つのツールに過ぎないのであって，契約だけで全てのリスクを管理するのではなく，契約以外の方法と合わせて総合的にリスク管理対応を行うものである。

例えば，契約交渉の結果として，ある程度依頼者にとって厳しい義務を課す文言を受け容れざるを得ないものの，社内においてそれ

---

20) 現金による報酬以外にも，例えば販売店（第10章参照）であれば独占販売店にするという「報酬」もある。

を遵守するために，当該業務を遂行するにあたっての内部ルールを設け，それによって契約遵守を担保するといった対応は，1つの契約外のリスク管理対応である。

あるいは，契約書の文言が完璧であっても，重要な点について当事者が誤解していればトラブルの発生は目に見えているのであって，お互いの認識が合致しているか目線合わせをする機会を設けるというのも，1つの重要なリスク管理対応である。

(g)　契約ドラフト特有の留意点

自社（依頼者側）でドラフトを作成することでコントロールを効かせることができる。「叩き台」をまず自らが作成することで，一定の修正はされても「大筋」は残ることが多い。そこで，枝葉については譲歩するとしても，「幹」はしっかり依頼者の意向を残そうとすれば，依頼者側で契約書をドラフトすることが望ましい。しかし，そのようなドラフトを作成するためには労力がかかることから，実務上「雛形がある方」や「交渉力が強い方」がドラフトをすることも多い。

契約ドラフトを依頼された場合，弁護士として，まずは，取引の本質を理解することを試み，やろうとしていることが何かを理解すべきである。そして，取引の本質において，比較的近い類型の雛形が存在するならば，雛形をベースに修正してドラフトすべきである。そうでなければ，条項レベルでは雛形等を利用するとしても，その構成等はオーダーメイドで作ることになるだろう[21]。

---

21)　なお，小さな企業側でドラフトをする場合，あえて反社条項等の一般条項等を簡潔なものとして，大企業である相手方に大幅に修正をさせてそのメンツを保たせ，反面，それ以外の依頼者が重視する条項，例えば業務内容等に関する条項の修正の可能性を極小化する等のテクニックは存在する。しかし，これは本書が扱う「型」というよりは，むしろ応用編の話かもしれない。

(h) 契約レビュー特有の留意点

　弁護士は，依頼者が自社雛形をもとにドラフトしたものをレビューするか，または，依頼者の相手方が送付してきたものをレビューすることが多い。

　レビュー独自の留意点は契約条項の抜け漏れである。既に条項が存在すれば，それをベースに検討することができる。しかし，存在しないことに気付くというのは大変である。この点は，一定程度テクノロジーによる支援を期待できる（終章参照）。

　なお，契約交渉の際にはお互いにワードファイルにコメントをする方法が頻繁に見られるところ，これらのコメントは，まず，それを読んだ相手方の法務担当者として上司や依頼部門を説得する材料になるという意味があり，また，将来紛争が生じた場合における当該条項の合理的意思解釈に影響するだろう。

> ＞POINT＜

▶ これから行われる企業活動についてのリスク管理のため，契約法務，法律相談，意見書作成，規定対応・社内研修等の予防法務が行われる。望ましい法的効果を得られる前提事実としてどのようなものがあり得るかを考える。

▶ 契約関連業務には，送られてきた契約書を検討するだけではなく，どの段階で契約書を作るべきかといった点から検討を必要とするものもある。

▶ 契約は取引をデザインする手段であり，契約書はその道具である。契約書だけを見ず，取引全体の具体的理解を前提に対応しよう。

▶ 契約法務を行う上では，法律知識のみならず，取引の具体的内容や，契約類型毎の勘所についての理解も必要となる。

▶ 契約ドラフト・契約レビューにおいては，①取引内容に適合した契約書かの確認，②具体的な状況理解に基づいた「次の一手」の落と

し込み，③インセンティブ設計等を通じた実効性の確保，④依頼者
とのコミュニケーションを通じた具体的状況やニーズの理解，そし
て⑤契約書外の対応と併せたリスク管理を意識しよう。

▶Column　「ドラえもん」になること

　筆者が弁護士 2 年目から解決まで継続して参加した大規模な IT 訴訟
事件では，情報を全て集約して自在に取り出せる「四次元ポケット」を
持った存在（ドラえもん）になることの重要性を知った（第 1 章 4 参
照）。この案件においては，膨大な量のファイル（当時は紙媒体であっ
た）の資料が関係資料として存在し，依頼者の担当者にとってどこにど
のような資料があるかを把握することが容易ではなかった。このような
場合，依頼者の担当者が頑張って資料を読み込み，情報を全て集約して
自在に取り出すことができるよう対応してくれることもある。しかしそ
の事案では，筆者がまさにそのような「ドラえもん」（情報集約者）の
役割を果たすことになった。

　そもそも IT に関する基礎的な知識・技術・用語も知らないし，前提
たるビジネス常識も知らないことから，資料を読み込むことが非常に大
変であった。そこで，後述（第 4 章 Column 参照）の IT の資格試験に
挑み，まずは IT について勉強をした。一定程度の知識を踏まえて読む
ことで，少しずつ資料の意味が理解できるようになってきた。そのよう
な状況で，それでもわからない部分（わからないと準備書面等を書くこ
とができない部分）については依頼者の技術者に確認することで，理解
度を上げていった。

　全く理解していない，いわば「不勉強」な状況で依頼者にあれこれ聞
いても失礼であるが，ある程度勉強して資料をきちんと読み込んでいる
状況で依頼者にわからないところを聞くと，前向きに教えてもらえる
（可能性が高い）。その結果として，その事案に関する理解と IT に関す
る知見を同時に深めることができた。

　結果的には，この事件は長期にわたるやり取りを経て無事解決したが，
上記の勉強は，その事件に対してよい結果をもたらすことに貢献したと
いうだけでなく，自分自身としてもその後，IT に関するものなら何で

も（詳しい話は依頼者に対して確認する必要があるものの）「だいたいどのような話かがわかる」ようになった。このことは，情報法が得意な企業法務弁護士になるという，その後のキャリア形成に向けて重要な意味があったと考える。

第4章 予防法務2
—— 法律相談・意見書作成等 ——

本章では，前章からの続きとして，法律相談（1参照），意見書作成（2参照），規程対応・社内研修（3参照），そしてリサーチ（4参照）について説明していく。

1 法律相談業務

(1) 法律相談業務のイメージ

法律相談業務のイメージをつかむため，以下の3つの事例を考えてみよう。

> 事例1：オンラインショップAから，個人情報保護法の解釈について，情報法の専門家である弁護士に質問が来る。
> 事例2：メーカーBから，下請との取引に関して，購買部門としてはぜひやりたいものの，本当に下請法に違反しないか悩ましい内容について回答を求められる。
> 事例3：IT企業Cの法務担当者から，「公共事業系の案件を獲得するために，当該案件に影響力のある政治家の配偶者が経営するコンサルタント会社にコンサル料を払いたい」と営業担当が述べており，翻意を強く促しているものの，営業担当が強く拒んでいると相談される。

これらの事案に対する対応方法は具体的な事案ごとに様々である。

例えば，事例1については，Aにとっては個人情報保護法の難しい問題だと考えて弁護士に依頼したのかもしれないが，その弁護士が情報法の専門家であれば「これは個人情報保護委員会が公表した「『個人情報の保護に関する法律についてのガイドライン』に関するQ&A」[1] に明記されている簡単な話だ」と考えるかもしれない。そのような場合，メールベース（最近では Teams, Slack, Chatwork 等を利用する場合も増えてきた）で「Q&A ○-○に～との記載があるとおり，～となります」と回答をして5分後に解決するということはまま発生する。なお，調査の上で詳細なメールを回答として送付することもあるが，これはむしろ意見書作成業務に近似するので，意見書作成業務（2参照）の方で取り上げる。

　そして，一定以上の難しい案件（事例2および3）においては，そのようなメールベース等でのやり取りだけで対応することは難しく，会議（リアル会議またはウェブ会議）を通じてすり合わせる必要があるだろう。その場合，法務担当者と弁護士のみで会議を開催する場合と，法務担当者に加えて，営業部門等の依頼部門と一緒に会議を開催することもある[2]。

(2) 法律相談が必要となる背景から逆算する

　依頼者からの相談には，その背景として必ず具体的な取引や社内手続（コンプライアンス通報，内部監査等）がある。例えば，事例1であれば，オンラインショップビジネスにおける個人情報の取扱い

---

1) 個人情報保護委員会「『個人情報の保護に関する法律についてのガイドライン』に関する Q&A」（https://www.ppc.go.jp/files/pdf/2304_APPI_QA.pdf）参照。
2) ここで，弁護士と依頼部門が直接やりとりを行い，法務担当者が入らないということもあり得るが，法務部門が設置されている企業においてはあまり多くはない。

の観点から解釈が問題となり，相談をしている。

　また，そのようなビジネス上の問題や社内プロセス上の問題を法務担当者が解決できるのであれば，原則として顧問弁護士に相談する必要はないはずである。つまり，法務担当者が何らかの「悩み」を持っているからこそ，企業法務弁護士に相談が来ている。事例 3 において，単に「贈賄のリスクがあるからやめなさい」と言って終わってしまえば，法務担当者は顧問弁護士のところに相談に来た意味がなかったと感じるだろう。

　だからこそ，企業法務弁護士は，相談に至る背景事情を踏まえ，いかに依頼者の悩み，典型的には法務担当者の悩みを解決するかを考えるべきである。例えば，事例 1 の個人情報保護法の相談の場合，オンラインショップビジネスであれば，「オンライン広告のためにCookie と言われる情報を取得・提供しており，それが個人関連情報の提供に関する規制（個人情報保護法 31 条）の対象となるのではないか？」[3] など，それぞれの背景となる取引特有の問題や法務担当者の問題意識があり，これを踏まえることでより適切に依頼者にアドバイスをすることができる。また，例えば，事例 3 では，社内における「取引をしない」という意思決定を実現するためにどのような協力ができるかという観点を踏まえ，アドバイスすべきである（第 1 章 2(6)(b)参照)

(3)　会議前のコミュニケーションと事前準備

(a)　依頼者とのコミュニケーションの重要性

　弁護士としては，依頼者から質問，問題意識（悩み）および関連情報・資料を受け取ることになる[4]。ここで重要なのは，依頼者

---

　3)　松尾剛行『広告法律相談 125 問〔第 2 版〕』（日本加除出版，2022 年）203 頁以下，およびいわゆる外部送信規律に関する同 206 頁以下参照。

の問題意識（悩み）を理解し，その解決に必要な範囲の情報と資料
を依頼者から入手することである。

　例えば事例2であれば，最初は依頼者から単に「下請法上〜をし
ても適法ですか？」という質問が来るだけかもしれない。そして，
弁護士が依頼者とコミュニケーションをする中でその質問に至る具
体的な背景を確認することで，単に「適法とは言い切れないので保
守的に考えてやめておいた方がいい」というだけでは解決せず，そ
の案件に関する購買部門の強い意向があり，なんとかして下請法上
適法に対応できないかを詳細に確認するべきだ，ということがわか
るだろう。そのような悩みに関する理解を踏まえ，必要な資料，例
えば，下請法の要件充足の検討との関係で必要な情報や資料を受け
取る必要があるだろう。

　そして，前にも述べたが（第2章3参照），一般的には依頼部門
として「やりたいこと」（目的）は明確であっても，そのやりたい
ことを「実現する手段」についてはある程度柔軟性があることが多
い。すなわち，「XをYという方法でやりたいところ，これは適法
か」といった相談が来た際に，確かに依頼部門としてXをやりた
いといういわば目的の部分は明確なことが多いものの，Yという
手段はあくまでも依頼部門がそれまでの経験や他社事例等から思い
付いた例示に過ぎないことも多いのであって，Yの部分はコンプ
ライアンス（例えば下請法遵守）等の観点から一定程度の修正が可
能なことが多い5)。

---

4)　松尾剛行『広告法律相談125問〔第2版〕』20頁参照。
5)　これはあくまでも個別事案ごとの判断であり，Yにこだわりがある場合や，
　そもそもXをやりたいのか否かすら不明確なアイデアレベルでいわば「壁
　打ち」として相談して来るという場合もある。だからこそ，依頼者とコミュ
　ニケーションをして，どこが柔軟でどこが固い意向なのかを聞き取る必要が
　ある。

(b)　リサーチ

依頼者の悩みが，例えば情報法に関する専門性がないというもの
で，企業法務弁護士側に当該専門性がある事例（事例1）であれば，
弁護士としてはほとんど何も調査をしなくてもいいかもしれない。
しかし，通常はどこかでリサーチ（4参照）が必要である[6]。

会議が実施される場合，依頼から会議までの期間や，依頼者の悩
みの内容，期待される回答のレベル感等にもよるが，会議前にリサ
ーチを行うべき場合も多い。

ここでリサーチというのは，どのような事実関係か，例えば，実
現手段（Y）がどこまで固定的か，それとも変更可能かなどにもよ
るところであり，リサーチとコミュニケーションを並行して行
う[7]ことが重要である。

(4)　会議の際の対応

会議が必要な法律相談事案においては，このような事前準備に基
づき会議を実施することになるが，メールやチャット等ではなく会
議という方法を採用することで，例えば，以下のようなメリットが
あるだろう。

> ・前提事実次第で，いろいろな対策が打てそうな場合に，その会議の
> 段階で依頼者としてわかっている範囲で事実関係についての説明を
> もらうことで，会議後のリサーチで掘り下げる方向性を確定できる

---

6)　①法令・制度，②手続，③当てはめ（どのような場合に依頼者の望む結
　　果が実現するか，その可能性の高低等）を説明できるようリサーチすべきで
　　ある。中村真『新版 若手法律家のための法律相談入門』（学陽書房，2022
　　年）26-27頁参照。
7)　ある程度リサーチをした段階で，事実関係が法的結論に大きく影響する
　　ポイントについて依頼者に説明し，実現手段としてこのような変更ができそ
　　うか，あのような変更ができそうかと確認するなどである。

（いわゆる「枝刈り」）。
・意思決定の機会になる。とりわけ，依頼者の社内でも部門や担当者ごとに考えやニュアンスの相違がある場合にその相違の存在が明らかになり，また，それを踏まえた方向性決定の機会となる 8)。
・メールベースではなかなか依頼者として伝えにくい「悩み」9) を引き出せる。

ただし，このようになぜその会議を開催するかという目的を明確にせず，よくわからないまま会議を実施すると，会議が「迷走」してしまい，時間は使ったものの，結局お互いに得るものがない，ということもあり得る。依頼者が弁護士に会議を要請することが比較的多いように思われるものの，特にタイムチャージで請求をする場合，そのような費用対効果の悪い会議にならないように弁護士側としても配慮すべきである 10)。

そして会議では，事前準備を基に，アジェンダ（議題一覧表）を作り，アジェンダに沿って明確にすべき事項を明確にし，その場で意思決定ができれば意思決定をし，その場で確定しなかったり，その後のアウトプット作成が必要だったりすれば，そのような To Do を含む Next Step（今後の各参加者の行うべきこと）を明確にし

---

8) 例えば，法務としては当初依頼部門から聞いていた実現方法（Y）がかなり固定的ではないかと思っていたが，会議における弁護士による依頼部門への説明を経て，依頼部門は X という目的さえ実現できれば実現方法は柔軟に考えるようになるなどがあり得る。

9) 例えば事例 3 で，依頼者法務担当者自身はどのようにしたいのかや，どのようにすればよいと考えているかといったことである。

10) 例えば，「この会議では〇〇を行いましょう。そのためには，この人（例えば依頼部門における本件の責任者）に参加してもらい，かつ，〇〇（例えば法的判断に必要な重要資料）を準備しておいてもらいましょう」といった形で，会議をできるだけ充実したものとすべきである。なお，中村直人＝山田和彦『弁護士になった「その先」のこと。』86 頁も参照。

て終了することになる。

⑸　フォローアップ

　まず，会議の議事録や議事メモ等を依頼者が作成するか，弁護士が作成するかについては，事前に依頼者とコミュニケーションをして確定しておくべきである[11]。なお，依頼者が議事録等を作成する場合，依頼者次第で弁護士がレビューするときとしないときがある。また，依頼者が作成する場合でも，弁護士側でも内部メモや手控え等を作成し，事務所内で共有しておくべきである。

　その上で，企業法務弁護士は自らの Next Step [12] を実施するとともに依頼者側の Next Step の進捗に関するフォローも行う[13]。

　法律相談業務そのものが終わる[14]ことで一連の業務が終わるということもある。しかし，このような法律相談業務から様々な業務に発展していくこともある。例えば，契約書や規程等の文書作成業務への発展がある。事例 1 では，個人情報保護法上，委託先と特定の内容の覚書等を結ぶべきことが義務付けられているという結論となり，当該覚書の作成業務へと発展することがあるだろう[15]。なお，意見書作成への発展もあり，これについては後述する（2 参照）。

---

11)　特に事前のメモ作成依頼がなくても何らかの所内用の「手控え」は作成するのだろうが，依頼者と共有する前提であれば，より詳細な手控えを作成するつもりで準備するなど，準備内容が異なってくる可能性がある。

12)　場合にもよるが，さらなるリサーチ，アウトプット作成等が考えられる。

13)　法務担当者から依頼部門への確認結果がなかなか返ってこない場合などが考えられる。

14)　会議をして必要に応じてリサーチ結果をまとめて送付するなどである。

15)　個人情報保護法 25 条「（委託先の監督）個人情報取扱事業者は，個人データの取扱いの全部又は一部を委託する場合は，その取扱いを委託された個人データの安全管理が図られるよう，委託を受けた者に対する必要かつ適切な監督を行わなければならない」参照。

2　意見書作成業務 16)

(1)　意見書作成業務のイメージ

> 事例1-1：前記事例1で，A社はメールベースで弁護士から詳細な意見を受領したいという意向を示した。
> 事例1-2：前記事例1で，A社は弁護士から詳細な意見書を受領したいという意向を示した。
> 事例2：前記事例2で，会議の中で「一定の限定を付する前提であれば下請法リスクは限定的である」と述べたところ，依頼者が，今後その制限を遵守して施策を実施する前提で，当該意見とその根拠を詳細に説明する意見書を受領したいと述べた。
> 事例3：前記事例3で，会議の中で「絶対にやめるように」と述べたところ，営業部門の担当者が，「なぜダメなのか，これは『社長案件』なので社長を説得するため意見書を書いてほしい」と述べた。

　弁護士による意見書作成業務 17)においても，まずは法律相談と同様に依頼者とコミュニケーションをして意見書の対象事項，背景等（悩みや，どのような目的でどのような意見書がほしいか）を聞き出し，必要な資料や情報を特定し，必要であれば会議等でコミュニケーションを進めることになる。リーガルリサーチ（4参照）が必要な場合もあることも，法律相談と同様である。その上で事例1-1なら詳細なメール，それ以外であれば法律意見書を提出する。

---

16)　松尾剛行『広告法律相談125問〔第2版〕』22-23頁も参照。
17)　学者による意見書作成業務とは一定の相違がある。学者の場合につき，伊藤眞「法律意見書雑考——公正中立性の ombre et lumière（光と影）」（判例時報2331号〔2017年〕141頁）も参照。

　法律意見書は弁護士の正式な意見を弁護士がその名前を出して押印し，書面化したものである（ただし近時は PDF 版のみを作成する場合もある）。意見書の内容と依頼者における利用方法はケースバイケースであるが，例えば，事例2であれば，そのリスクが限定的であるという意見書における見解を前提に，依頼者として長期的リスク管理のためのリスク判断をし，（一定のリスク低減のための施策を実施した上で）本件を進めると決断する。もしその意見書の内容が誤っていれば，依頼者のリスク判断を誤らせることになりかねないという意味で，企業法務弁護士は重責を担うことになる。

　以下では意見書について述べていくが，事例1-1のように「意見書」というタイトルの書面が作成されないものについても，書面作成の部分以外は以下と共通する。

　なお，紛争解決業務における意見書は紛争解決法務（第5章2(5)(b)参照）でも言及している。また，経営判断に関する意見書の作成が必要な場合もあるが，これは(2)(c)で簡単に触れるものの，主に戦略法務（第6章4(3)(a)参照）で扱う。なお，「正解にする」（第1章1(2)参照）という意味では，公共政策法務（第7章参照）を利用して，行政当局等から意見書の内容に関する「お墨付き」を出してもらうことも考えられる。

(2)　意見書が必要となる背景から逆算する

(a)　はじめに

　なぜ依頼者は弁護士に意見書を書いてもらう必要があるのだろうか。大きく分けて，法的分析が必要な場合，社外の第三者である弁護士の意見が必要な場合，そしてそれを「意見書」という形式にすることが必要な場合に分かれることから，それぞれの場合について説明しよう。

⒝ **法的分析が必要な場合**

これは，法律相談と同様に，社内において具体的な事案との関係で法的分析が必要な場合であり，例えば事例1-1でいうと，A社法務部門に個人情報保護法の専門性がないことから，弁護士からメールで詳細な意見をもらうといった場合が考えられる。この場合においては，あくまでも法的分析を行うことが重要であり，必ずしも「意見書」という形式である必要はない。

⒞ **第三者である弁護士の意見が必要である場合**

依頼者にしっかりとした法務部門が存在するなど，ある程度以上依頼者自身において法的な分析をすることができるとしても，それでも「第三者からの意見をもらう」ことそのものが重要なので意見書作成を依頼するという場合も多い。例えば事例2において，当該案件が重要案件として取締役会において決議を取るという場合，当該決議に関与する役員の判断を適正なものとし，かつ，経営判断原則の保護を受けられるようにするため，第三者である弁護士の意見を聞くことがあり得る。経営判断においては①内容が著しく不合理ではないことと，②過程が著しく不合理ではないことの2要件が双方満たされれば，結果的に何らかの損失が発生しても，取締役等は責任を負わないとされる（経営判断原則）。この点アパマンショップ事件判決 18) は，「弁護士の意見も聴取されるなどの手続が履践されているのであって，その決定過程にも，何ら不合理な点は見当たらない」としており，弁護士等の第三者から意見を取得していることがその過程の合理性を裏付けることを示唆している。

この⒞の場合においては，依頼者の法務部門が詳細な検討メモを作成した上で，第三者である弁護士の意見を求めることもある（第

---

18) 最判平成22・7・15判例時報2091号90頁。松尾剛行『キャリアデザインのための企業法務入門』170頁以下参照。

2 章 1 (3)参照)。

(d)　意見書という形式が必要である場合

加えて，証拠化，丁寧なプロセスを踏むこと，あるいは社内の特定の人・部門や第三者等への開示・提供のため，意見書という形式が必要な場合もある。

事例 1-1 のように，個人情報保護法上どのようになっているかを正確かつ詳細に知りたいというだけであれば，会議やメール等の回答で足りることもある。

しかし，その意見を前提に業務を進めた場合において，後でその過程の適法性等が問われることがある。その際に意見書が存在することは，社内において適切な意思決定過程を経るために弁護士の正式見解を得たことの何よりの証拠になる[19]。

また，メールだけの回答の場合よりも，正式な意見書であれば弁護士も丁寧なリサーチをする傾向にあるので，より丁寧なプロセスを踏むことができる[20]。

さらに事例 3 のように「社長に見せる」など，開示・提供をしたいからという理由で意見書という形式の書面を作成する場合がある。なお，第三者への開示（ウェブサイトへの公開等）については特に留意が必要である（(4)(b)参照)。

(e)　決して「一般論」が求められているのではない

このような意見書の必要となる背景からは，決して一般論や教科書の引き写しのようなものが求められているわけではないということが導き出される。

それぞれの意見書が必要とされる具体的背景を踏まえ，その目的

---

19)　もちろんメールでも証拠になるが，一般には意見書の方が証拠としてより強い傾向があることを指摘することができる。

20)　ただし，通常はその分時間や費用もかかるだろう。

を実現することが重要である。その事案に即した法的分析であること（＝(b)）, 第三者的立場からの検討であること（＝(c)）, 社内の意思決定プロセスの適正化や（必要に応じて）第三者の開示に耐える形式・内容（＝(d)）であることなどがポイントとなるだろう。

(3)　意見書の構成

(a)　はじめに

意見書は, 検討対象事項, 前提事実, 分析（検討）, 結論, 留保事項から構成されることが多い。

なお, 冒頭で結論を書くスタイルや, サマリーを冒頭に置くスタイル, 開示用簡易版と内部用詳細版の2つのバージョンを作る場合など, 様々なバリエーションも存在する。また, 別紙を使って依頼者提供資料を添付したり, リスト化したりすることもある。ただし本書はいわゆる「型」について概説することが目的であることから, いわば応用編であるこれらのパターンについては詳述しない。

(b)　検討対象事項

その意見書で回答を出すべき対象となる問いである。基本的には一定の行為が違法か適法かや, 依頼者が責任を負うか（および責任を負う場合の損害賠償額の見込み）などが問われることが多い。

(c)　前提事実

意見書が一般論ではなく個別具体事実に基づくということは, 要するに, 各意見書において, どのような前提となる事実に対して結論を示すかというのが決定的に重要だということである。前提事実が動けば, 結論も動き得る以上, 前提事実が重要である。

ここで, 前提事実においては, 法的に重要な部分を全て網羅する必要があるものの, いわば森の中で木が隠れてしまうように, どの事実も平板に（いわゆる「物語式」で）列挙してしまえば, 長いだ

けで読みにくくなる。つまり，メリハリが必要である。これに加え，依頼者の目的を実現でき，かつ弁護士自身を守れるものにしないといけない。この点は後述する（（4)参照）。

(d)　分析（検討）

法的分析である。基本的には，法的三段論法に従う。検討対象事項を各論点に分節した上で，それぞれについて，以下の構造をとることが多い。

> A　本件における関連する法律の規定とその解釈（大前提）
> B　前提事実のうち，当該解釈に対して当てはめるべき（法的に重要な）部分（小前提）
> C　当てはめ

大前提の詳細なリサーチ（4参照）を行い，正確な分析を行うべきである。ただ，このような分析の部分は意見書であれ，法律相談等であれ，それが法的分析を含む業務である限り共通するだろう。

(e)　結　論

結論は，上記分析（検討）の各論点の「当てはめ」を総合すれば論理必然的に導かれると思われる。基本的には，「違法」「適法」等の検討対象事項（問い）に対応したものとなる。

ただし，難しい問題であるからこそ弁護士に依頼するのであるから，完全に一義的な解答はできず，「違法の可能性が高い」とか「リスクは限定的である」などのいわばグラデーション的な回答とならざるを得ないことも少なくない。

(f)　留保事項

特定の目的のために意見書が作成される。そこで，そのような目的を明記し，それ以外の目的での利用を禁じる[21]とか，第三者への開示を禁止して社内利用に限定したり，開示範囲を限定したりす

る[22]ことはあり得る。

　ここで開示範囲と意見書の内容について付言すると，基本的には，法的な議論そのものは誰に見せるものでも変わらないだろう。ただ，見せ方（表現方法）や，法的な議論以外の部分は変わり得る。例えば，相手方から多額の請求が来ているものの，基本的にはその請求が筋が通らないものであるという場合，依頼者の社内意思決定（例えば一定額までは払うがそこを超えたら戦う）のためのものでも，相手方に見せる（請求が通らないと説得する）ためのものでも，責任制限規定の有効性・本件への適用の議論や，因果関係の議論といったことは基本的には変わらないだろう。しかし，仮に裁判に関する社内意思決定であれば「○円以下での訴訟外和解を目指すが，○円を超えて支払わなければ訴訟するというなら受けて立つ」というようなBATNA（第5章2(3)(e)参照）を踏まえた経営判断が行われるだろう。そこで，そのような経営判断を見越して，裁判となる場合の弁護士費用の見積もりや，予想される時間等の情報も提供することが重要となる（第5章参照）。

(4) 「限界」の中で依頼者の目的を実現する

(a) 目的を確認し，どこまで実現できそうかを吟味する

　まずはその意見書を作成することで依頼者の目的が実現されなければ意見書業務を行う意味は少ない。例えば依頼者として事例2に

---

21)　例えば，既にグレーな行為を行ってしまったことが判明したが，どうすればいいかを教えてほしいという依頼に対して，官庁への報告が必ずしも必要ではないとの意見を出すにあたり，「依頼者からはこのような行為はもう二度と行わないとの言明があり，そのような言明を前提に，過去の行為について直ちに違法として官庁への報告義務があるといえるか検討したものである。そこで，本意見書を根拠として，今後同様の行為を繰り返すことは想定していない」旨を明記することがあり得る。

22)　例えば，監督官庁のみに閲覧させることが可能とするなど。

おいては，適法意見を受領することができることが重要である。とはいえ，いくら依頼者が求めているからといって「黒を白にする」ことはできない。

　そこで，初期段階において，少なくとも目的実現の可能性が相当程度以上あるかの見通しを把握することが重要である。もちろん，最初は実現の見通しはわからないことも多く，法律相談（1参照）として議論をして概ねの方向性が固まった段階でNext Step（1(5)参照）を意見書の作成とするような進め方が適切な場合も多いだろう。

(b)　使われ方を意識する

　目的の実現のため，意見書の使われ方を意識すべきである。

　まずは，その意見書が誰に向けられたものかが問題となる。予防法務であれば基本的には依頼者ではあるのだが，そのような概括的な話ではなく依頼者の法務部門なのか依頼部門なのか，経営者なのか，相手方なのか，外部の一般人なのか等を詳細に確認すべきである。そして，それぞれの読者のリテラシーに応じた記載方法が必要である。また，その意見書が書かれるに至った背景や前提事項が読み手と共有できているかなども問題になる。もちろん，意見書にそのような背景や前提を記載することも対応策の1つであるが，それ以外の対応策として，意見書を出した後に，読み手である依頼部門と会議をしてフォローアップをすることが望ましい場合もある。

　その意見書が第三者に開示されたり一般公開されたりするのであれば，開示に対応した記載方法とすべきである（(3)(f)参照）。開示用の意見書について留意すべきは，読み手が必ずしもゆっくりと時間をかけて意見書を読まない可能性があることである。つまり，長過ぎるとメッセージがピンボケして伝わらない恐れがある。そこで，このことを踏まえ，短く簡潔で，かつわかりやすい意見書が望まし

い。しかし，短過ぎると結論をただ記載しただけのようなものとなり説得力がなくなってしまう。そのバランスを取ることが重要である。

(c) 意見書の怖さを踏まえながらベストを尽くす

意見書を書いたものの，その意見書と異なる見解を官庁や裁判所が出すという状況は，想像するだけでも恐ろしい。筆者も2022年6月8日付で，依頼者の提供するリーガルテックサービスが適法という意見書を書き，その内容が広く閲覧されたが[23]，同年11月にその意見書の線で法務省が回答をする[24]までは，法律論だけで言えばほぼ大丈夫だとは思っていたものの，心配な気持ちは常に心の中に存在した[25]。

基本的には，意見書を書くことができるかどうかは，パートナーが判断すべきであるが，少なくともその意見書が作成されたがために，依頼者や関係者が不幸になるような意見書は書くべきではない。

そして，事後的にそれと異なる見解を裁判所や監督官庁が示すリスクはゼロにはならないものの，まずはリサーチ（4参照）を徹底し，根拠を持って説得的に正しいと言える内容にすることが重要である。そして，万が一そのような事態になっても，例えば公共政策法務（第7章参照）で対応するような準備ができていることが望ま

---

23) 松尾剛行「リーガルテックと弁護士法に関する考察」情報ネットワーク・ローレビュー18巻（2019年）1頁（https://www.jstage.jst.go.jp/article/inlaw/18/0/18_180001/_pdf），松尾剛行「AIとガバナンス──企業統治の高度化・効率化にAIを役立てるという観点からの検討」商事法務2297号（2022年）26頁，松尾剛行「リーガルテックと弁護士法72条──第1回弁護士法72条とAIを利用した契約業務支援サービス」商事法務ポータル（https://portal.shojihomu.jp/archives/33427）（2022年）を参照。

24) 松尾剛行「リーガルテックと弁護士法──規制改革推進会議議事録公開を踏まえて」NBL 1234号（2023年）70頁を参照。

25) その後の経緯等につき，第7章を参照のこと。

しいだろう。

3　規程対応業務と社内研修業務

(1)　はじめに

　これら以外の予防法務業務で重要なものに規程対応業務と社内研修業務がある。長期的リスク管理を実現するためには，単に法務部門や法務担当者だけが頑張ればよいのではない。現場の各部門が，何がルールなのか，そのルールを守るにはどうすればいいのか，ルールが何なのかがわからなければどうすればいいのか，もしルール違反が疑われるような状況を認識した場合にはどうすればいいのかなど，少なくとも現場においてなすべき基本的な法務対応を理解していなければならない。

　そのための方法として，社内のルールとして社内規程等に落とし込む規程対応業務と，現場対応（社内規程の内容を含む）を周知させる社内研修業務が重要である。

(2)　規程対応業務

　規程対応というのは社内規程の策定，改訂などのため，規程案をドラフトやレビューをするものである。社内規程の策定や適時の改訂により，長期的なリスク管理が実現する。

　社内規程については，書籍等の形で雛形が公表されているものも多く，これらの社内規程雛形集を利用すれば概ね必要な規程類が揃う。もっとも，注意が必要なのは，そのような雛形はあくまでも「一般的」な雛形に過ぎないということであり，その会社の組織，事業，そしてその規程の策定・改訂が必要となった理由に応じて対応をする必要がある。

　なお，実務上は教本・教材作成，マニュアル作成，ポスター作成業務なども発生する。これらは，ルールを実務に落とし込んで明記するという意味では規程対応業務に類似するが，従業員を啓蒙教育するという意味では次に述べる社内研修業務に類似する。

(3)　社内研修業務

(a)　はじめに

　社内研修は，法務担当者が実施することも多い。そこで，企業法務弁護士は，①法務担当者の行う社内研修の支援をしたり，②自らが講師となって研修を実施したりする。いずれにせよ法務担当者との二人三脚（第2章2(3)参照）での対応が必要である。

(b)　法務担当者の行う社内研修の支援

　例えば法務担当者が作成した，新法制定や法改正対応の社内研修資料について，その正確性についてレビューするといった社内研修支援は，重要な業務である。

　また，「○○について社内研修をするにあたって参考となる事例や類似セミナーの講義案等はありますか？」と依頼され，その依頼に応えることもある。

(c)　研修講師

　弁護士が自らが研修講師を務めることもある。例えば役員向けのコンプライアンス研修を弁護士が講師となって行う場合などである。

　法務担当者等を想定聴衆とするセミナーと異なり，社内研修では，必ずしも法律知識が豊富ではない聴衆に対して説明を行うことになる。また，特に受講者が任意にお金を払って参加している有料セミナーと異なり，社内研修の場合，必ずしも受講者のモチベーションが均質ではない。そのような中では，いわゆる「つかみ」が肝心であり，ひとまずは冒頭で聴衆に興味を持ってもらうことが重要であ

る。その他，法律用語をなるべく使わないこと，ビジネスの実態に即した具体例を踏まえて説明することなどの工夫も必要である。

　それぞれの研修には獲得目標が存在する。例えば，景表法でステマ（ステルスマーケティング）規制 26) が導入されたので，インフルエンサーマーケティング等においてステマ規制違反が生じないように留意をしてもらい，必要であれば法務部門に相談してもらう，といったものである。そこで，その獲得目標を実現できるよう，例えば Take Home Message（持ち帰ってもらいたいメッセージ）を最後にまとめるなど，工夫を凝らすべきである。

　一般的に問題のないような内容であっても，「その会社」において適切かは別問題である。例えば会社によって所掌部門が異なることもあるので「疑問がある場合に何事も『法務』に連絡・確認するように」と説明してはいけない場合がある。例えば，「原則として法務部への確認・連絡を要するが，知財については知財部，契約については事業部門の契約担当者，コンプライアンスについてはコンプライアンス部に確認・連絡するように」と説明すべき場合もある。この点は，事前に法務担当者に確認をすべきである。

(d)　確認問題等の作成

　E-learning など，新しい時代に応じた研修がなされている昨今，各企業でもその研修の効果を最大化するため，様々な工夫をしている。

　例えば，研修の内容を理解しているかを確認するため，確認問題を解かせることなどは比較的よく見られ，弁護士が確認問題の作成を依頼されることがある。

　また，研修のプロセスの一環として事例演習のコーナーを設けて，

---

26)　運用基準（https://www.caa.go.jp/notice/entry/032672/）および松尾剛行『実践編 広告法律相談 125 問』115 頁以下も参照のこと。

聴衆をランダムに当てて答えさせるなどの工夫もあり，その場合は
演習のための事例作成を依頼されることもある。

4　リサーチ

⑴　「その根拠は？」

　日本初の事案に対しても参考となる回答を依頼者に提示できると
期待された弁護士のところには「答えがないのはわかっているので
すが先生の見解をお聞きしたい」という依頼が舞い込む。このよう
な事案においては，基本的には「自説」を述べてもよい[27]。

　しかし，少なくとも法務部門を擁する会社が企業法務弁護士に何
かを聞く場合，「根拠を調査・確認するのではなく，先生の自説を
教えて下さい」と依頼する割合は少ないし，ましてや新人弁護士が
そのような案件を割り当てられることは極めて少ないだろう[28]。

　むしろ，新人弁護士が対応する際には，少なくとも新人弁護士自
身でゼロから考えるのではなく，根拠を探しそれに基づき当てはめ
るような仕事が多くの割合を占めるだろう。パートナーがリカバリ
ー（第1章3⑵参照）をする上では，何を根拠にそれが書かれたか

---

[27]　例えば，2019年に「リーガルテックと弁護士法に関する考察」前掲注
23）を公表した際は，リーガルテック（終章参照）と弁護士法の関係に関す
る議論がほとんど存在しなかったため，まさにそのような「答えのない問
題」に対する自説を述べた。なお，そのような場合においても，従来の類似
する状況に関する議論はどのようなもので，目の前の問題とどこが共通し，
どこが異なっており，その相違点は些細なものか，それとも決定的なのか等
を踏まえて検討することが通例であるから，リーガルリサーチが一切不要と
なるものではない。

[28]　もちろん，出向や法務受託等で事業部門と直接コミュニケーションする
場合，また，企業案件でも社長から直接依頼を受ける場合には，リサーチを
しなくても回答可能な，いわば司法試験レベルの基本的な質問がなされるこ
とはあり得る。

は重要であるし，依頼者の法務担当者も，少なくとも重要な根拠については確認したいと考えることが多い。そこで，最終的に依頼者に対して示す成果物にどこまで細かくその根拠を明記するかはともかく，少なくとも新人弁護士は，パートナーに対しては内部コメント（第 1 章 3 (2)参照）により回答案において何を根拠としてそのように記載したのかを明記すべきである。

(2)　「オーソリティ」という概念

　上記のとおり「条文にこう書いています」と答えればいいような簡単な質問ではない場合には，何らかの根拠を探す必要がある。しかし，その根拠は何でもよいわけではない。その記述に従って実務を進めても大丈夫だろう，と信頼される資料を根拠とする必要がある。このような信頼される資料をオーソリティと呼ぶことがある。

　以下のものは，通常は 29) 根拠として相当なものとされない。

> ・ウェブサイトの記事（政府のウェブサイトにアップロードされているQ&A等を除く），ブログ，SNS投稿等
> ・一般向けの書籍・雑誌等
> ・講演・授業等で誰々がこう言っていたという情報（講演録・講義録が出版されている場合を除く）
> ・ChatGPT（終章参照）

　それでは，何が根拠として相当なものとされるだろうか。以下のものが念頭に置かれるだろう。

> ・法学者の著した書籍（逐条解説を含む），論文，判例評釈

---

29)　「通常は」としたのは，例えば特定のブログ等がオーソリティとして扱われるなど，例外はあるということである。

・判例（のレイシオデシデンダイの部分），調査官解説（なお，必要
に応じて下級審裁判例等も）
・当該法令を所管する政府機関等 30) の通達，告示，ガイドライン，
Q & A 等

その他，信用のできる実務家の書籍・論文・判例評釈等も根拠と
して相当とされることがある。また，実際にとある処理がされた前
例があるということは必ずしもオーソリティそのものではないが，
前例の有無を確認することでリスクに気付くことができる。

(3) 「調べ尽くす」姿勢

そして，時間の問題で実際にどこまでできる／するかという問題
はあるものの，少なくとも「姿勢」という意味では新人弁護士とし
ては，「調べ尽くそう」とはすべきである（第 2 章 Column 参照）。
例えば，Google で検索して研究者の論文 PDF が出てきたのでそれ
をオーソリティとして終わりにしたということであれば，さすがに
「調べ尽くした」とは言えないだろう。ある書籍の引用する論文，
その論文の引用する裁判例等，リサーチを一生懸命する場合には膨
大な範囲の文献がリサーチ対象となる。また，例えば，あるキーワ
ードで検索しても数件しか裁判例が出てこないという場合でも，そ
の数件の裁判例をつぶさに読むと，より適切なキーワードが含まれ
ているかもしれず，それを利用して再度検索すると，大量の関連裁
判例が出てくることもある。

実務上は時間の関係で限界があるとしても，以下のような点には
十分に気を付けるべきである 31)。

---

30) 独立行政法人や業界団体等の公表するガイドライン等もそれに準じるオ
ーソリティーを持つこともある。

①条文に関する重要な留意点 32)
　・関連する下位規範等（政省令，通達，告示，ガイドライン，Ｑ
　　＆Ａ等）は確認したか
　・その条文の文言に，他の条文において既に定義されている用語が
　　含まれていないか，その定義は何か 33)
　・「その条文」以外にも同じ法律の別の箇所に重要な条文があるの
　　ではないか（パンデクテン体系の落とし穴）
　・別の法令に関連条文があるのではないか
②〔裁〕判例に関する重要な留意点
　・調査官解説その他の信頼できる評釈はないか
　・判例変更はされていないか
　・その下級審裁判例は上訴されて逆転していないか
　・その下級審裁判例はただの救済判決に過ぎず，予防法務で依拠す
　　るのは危険ではないか
　・当事者の主張の摘示部分や原審の認定部分を「この判決の判示事
　　項」と勘違いしていないか
③文献に関する重要な留意点
　・信頼できる文献か
　・その後の法改正，官公庁の解釈発出，重要判例の登場等で状況が
　　変わっていないか

⑷　どこにどのような文献があるか

　どこにどのような文献あるかわからなければ，適切な調査を行う
ことはできない。

　例えば，重要法令は省庁の審議会・委員会等で審議されて，その
結果を踏まえて報告書等が作られ，これを踏まえた法案が内閣法制

---

31)　中村直人＝山田和彦『弁護士になった「その先」のこと。』16 頁も参照。
32)　中村直人＝山田和彦『弁護士になった「その先」のこと。』66 頁参照。
33)　多くの法律は第 2 条に定義条項を置いているが，そこに定義がされてい
　　ない場合でも，前の方の条文に定義が含まれている可能性もある。

局と与党の審査を踏まえて閣議決定され，国会で審議される。その後に立案担当者解説が雑誌・書籍の形で出て，さらに立案担当者による逐条解説が書籍の形で出版されることもある。このような大きな流れがわかれば，報告書等が政府のウェブサイトにアップロードされているのではないか，内閣法制局に提出された資料を情報公開請求で入手すれば重要な論点についての議論がまとまっているのではないか，国会の会議録で政府参考人が政府解釈を示しているのではないか，立案担当者解説や逐条解説がそろそろ出る頃ではないかなどと，調査する上での端緒をつかめるようになるだろう。

　また，例えば最高裁判例についていえば，まずは判例雑誌が当判例の掲載時に担当調査官の匿名解説を掲載し [34]，ジュリストの「時の判例」に短い調査官の解説が掲載され，その後詳細な解説は法曹時報および『最高裁判所判例解説民事篇／刑事篇』という書籍の形で刊行される [35]。この流れを知っていれば，判決日以降の時間の経過に応じて，その時点において参照すべき判例解説としてもっとも適切なものがどこにあるかを調べることが容易になるだろう。

> ＞ POINT ＜

▶ 法律相談においては，相談の背景を踏まえ，依頼者の悩みを理解する必要がある。通常は情報や資料を引き出しながら，事実関係に応じたリサーチを行う。会議により対応する場合，明確な目的の下に実施し，Next Step を明確にして終了する。会議後のフォローアップも重要である。

▶ 意見書作成においても，依頼の背景を踏まえ，依頼者の目的を実現する必要がある。もっとも，依頼者のリスク判断を誤らせるおそれ

---

34)　ただし，必ず担当調査官が執筆するものではない。

35)　Law & Technology には知財の判例解説が掲載される。

もあり，作成者の責任は重い。その怖さを踏まえながら，徹底したリサーチの下，説得的に正しい意見書を作成するべきである。意見書の用途に応じた記載方法の工夫も重要である。

▶ 長期的リスク管理に不可欠な，現場の法務への理解の充実のため，規定対応・社内研修が重要となる。いずれも一般的な内容で対応できる場合が多いものの，個別事情に応じた対応も必要である。特に後者では，「つかみ」等の工夫が肝心である。

▶ これらの業務の基盤としてリサーチがある。新人弁護士は，文献所在の勘所をつかんだ上で，条文やオーソリティのある根拠について，その信用性に留意しながら，徹底的に調べ尽くす姿勢を大事にするべきである。

▶Column　資格試験の効用

　筆者は，第3章 Column で述べた IT 訴訟においてどのように IT について勉強しようかと考えた際，IPA（情報処理推進機構）が情報処理技術者試験という IT に関する国家試験を実施していることを知った。

　時期によって若干制度が異なるが，概ね技術者のための試験として基本情報→応用情報→高度資格という3種類の資格試験があり，高度資格については IT ストラテジスト，プロジェクトマネージャー，情報処理安全確保支援士（旧情報セキュリティスペシャリスト）等，分野別に9種類に分かれている。また，利用者のための試験として IT パスポートがあり，これは基本情報よりも簡単である。

　そうすると，まずは IT パスポート向けの勉強をした上で，基本情報，応用情報，高度資格と徐々にレベルを上げて勉強していくことで，体系的に IT に関する知識を習得できることになる。もちろん，実際にプログラミングをするなどの IT 側の実務経験までできればさらに望ましいものの，一般的な弁護士にはそこまでは要求されないと思われる。

　筆者も，そのような勉強法で勉強をした上で，高度資格に挑戦し，IT ストラテジスト，プロジェクトマネージャー，（当時の）情報セキュリティスペシャリストの3つの国家資格を取得することができた。もちろん，資格自体よりは，その過程で学んだことの方が重要ではあるもの

の，そのような勉強が資格という形になることは，対外的により信用されやすいという効用がある。

　これはあくまでも IT という 1 つの分野についての話だが，例えば，知財を勉強する場合に知財管理検定や（弁護士は特に弁理士試験を受けずとも弁理士登録をすることができるものの）弁理士試験を利用して勉強するなど，いろいろと応用が効くように思われる。

　もっとも，資格試験で勉強することができる範囲は限定的であり，その意味では，資格に向けた勉強をすることに加え，その分野の実務経験を積むことの双方が重要である。

第5章 臨床法務（紛争解決法務）

1 はじめに

　不幸にして何らかのトラブルが起きてしまった場合，法律上の「最悪の結果」は極めて重篤であることが少なくない。刑事罰が課せられたり，行政処分を受けて許認可等（ライセンス）を取り消されたり，民事でも多額の賠償の支払を強いられたり，差止めを命じられるなどである。しかし，適切にダメージコントロールの対応をすることで相当以上のリスクを軽減し，ソフトランディングを実現することができる。

　例えば，依頼者が行政法に違反し，所轄官庁が対応を検討している場合，先手を打って，所轄官庁が求めるであろう事項を全て実施してしまう。そうすると，もはや所轄官庁としてやってほしいことは既に実現済みなので，所轄官庁としてなかなか厳しいことは言えなくなる[1]。

　これは一例であるが，企業法務が行う長期的リスク管理は紛争解決法務においても実施される。ただし予防法務と異なり，既に発生してしまった事実関係を基にダメージを最小限に抑えるという観点でのリスク管理がメインとなる（第3章1参照）。

---

[1]　単に「約束した措置がきちんと実効的に働いているか継続して確認して下さい」という行政指導だけになるかもしれない。この点については，松尾剛行『キャリアデザインのための企業法務入門』110-111頁参照。

2 交 渉

(1) 予防法務における交渉と紛争解決法務における交渉

交渉は予防法務など紛争解決法務以外でも登場するところ，それがどのフェーズであっても基本的な交渉の考え方自体は同じといってよい。もっとも，予防法務における交渉の際は，弁護士は代理人や交渉同席者として表に出ることよりも，後ろで法的リスクの分析や契約レビュー等をした上で交渉方法を指南することが比較的多い。これに対し，紛争解決法務としての交渉は，ビジネスレベルのもの，法務担当者レベルのもの，またレター代筆等の支援もあるものの，弁護士が訴訟も見据えて交渉することが相対的に増加する。

以下では紛争を念頭に置いた交渉について説明する[2]。

(2) 交渉業務のイメージ

交渉がどのように行われるか具体的にイメージしていただくため，仮想事例を2つ提示したい。

> 事例1：メーカーである依頼者Aは甲社から機械を購入した。しかし機械が不良品であり，仕様に合致していないことからAは返品を求めるが，甲は不良（契約不適合）を認めず，Aの主張は単なる仕様変更を求めるものに過ぎないという立場をとっている。
> 事例2：IT企業の依頼者Bは乙社とシステム開発契約を結び，システムを完成させて代金も受領したが，乙はシステムに不満があり，契約不適合を理由に契約を解除して返金を求めたいと言い出した。

---

[2] 交渉には様々なものがある。例えば藤井篤『弁護士の仕事術IV──交渉事件の進め方・和解』（日本加除出版，2013年）38-39頁。以下はあくまでも一般的な交渉を念頭に置いたものである。

> B によれば，乙の要望は仕様変更の要望であって，契約不適合は存在しない。

　このような場合に依頼者は弁護士に，相手方との交渉方針の指南や，代理人として交渉をすることを求めるだろう。

(3)　交渉の基礎知識

(a)　獲得目標（ゴール）

　依頼者がいったいその交渉で何を獲得しようとしているか，そしてその事案において両当事者の獲得目標の関係が win-win であるか [3] は重要である。

　実務では，企業同士の紛争において，いずれかの主張が 100% 正しいということはあまり多くはない。やはり，それぞれにそれなりの根拠があることが多い。そこで，自社側の根拠と相手側の根拠を徹底的に検討し，適切な落とし所を探るべきである。

　そこでは，最終妥結ラインとしての「落とし所」（もしそれを下回るのであれば交渉を決裂〔ブレイク〕させるライン）も考えるべきであるが，それ以外のバリエーション（「落とし所」よりもこちらに有利なものも含む）も広く検討すべきであろう。

　例えば事例 1 の A の場合には，可能であれば不良を速やかに修補してほしいものの，機械が動かないと困るので，解決まで一定以上の期間がかかるなら他社から同様の機械を調達し，代金を甲に請求するという選択があり得る。事例 2 の B の場合は代金を返さないのがベスト，セカンドベストは他の案件を値引きして受注する，最後に一定額を返して和解といった一連の選択肢群があるかもしれ

---

3)　予防法務であれば win-win の場合はまま見られるが，臨床法務は win-lose とならざるを得ないかもしれない。

ない。このようなゴール設定については後に検討する ((4)参照)。

(b) 情報交換

　交渉はある意味では情報交換の過程である。例えば，事例2でB
が「自社にも一定の非があり，訴訟を回避するためならば最悪1億
円までは返してもいいものの，それ以上は払えない」と考えている
としよう。その場合，Bの代理人としては，訴訟回避のために一定
の譲歩の余地があることを適切に乙に伝えないと，乙が早々と裁判
を起こしてしまう可能性がある。反対に，もしBの代理人として
交渉の冒頭で「1億は払うので，裁判だけはやめてくれ」と言って
しまえば，そこが交渉の「スタートライン」となり，乙としては，
通常はもっと多くの金額の支払に向けて交渉するだろう。

　このような依頼者側の情報を適切に開示することに加え，相手の
情報を適切に入手するためのやり取りも必要である。例えば事例1
では，甲として，「迅速に機械をAの主張するとおりにする。それ
がAのいう契約不適合の修補なのか，甲のいう仕様変更かは，対
応完了後に別途協議し，仕様変更であればAは甲に相応の追加報
酬を払う」といった話なら受け容れられそうなのか，それとも少な
くとも長い期間の交渉を経て契約不適合か仕様変更かについて合意
できない限り，甲として機械をAの主張するとおりにするための
対応は見込めないのかを早めに確認しなければ，次のステップを決
めることができないだろう。

(c) 交渉のカード

　何も持たずに丸腰で交渉に臨んでも押し込まれてしまう。やはり
何かレバレッジ（テコ）になるものを持たないといけない。これは
交渉のカードとも呼ばれる。基本的には，もし自社の提案を相手が
呑むのであればそれと引き換えに相手にとって嬉しいものを与える
ということや，自社提案を拒否すれば相手が嫌なことを行わざるを

得ない／嫌な結果が発生するということがカードになり得る。

　例えば事例 1 の A であれば,「（本当は契約不適合なのでお金を払う必要はないものの）修補を速やかに完了すれば甲の主張する額の半額を払う」というのがカードになるかもしれない[4]。事例 2 の B であれば,「B・乙間の別のプロジェクトがちょうど始まっており,その案件で合計 1 億円の値引きをする」というビジネス的解決の提案がカードになるかもしれない。

　これらはいずれも具体的事案によるが,訴訟は（訴訟を怖がらない当事者側にとっての）カードになり得るし,相手が（こちらが訴訟を嫌がるだろうと）訴訟をカードとして交渉してくることも想定しなければならない。

(d)　交渉事項

　例えば金額だけといった形で 1 つの項目のみが交渉事項（アイテム）となることもあるが,実務上は様々な項目を総合的に（パッケージとして）交渉することの方が多い。

　例えば,事例 1 であれば,金額だけの問題ではなく,時間（いつまで）や行為（修補をするか）等が交渉の対象となる。事例 2 でも金額だけではなく,ビジネス的解決や修補等も問題となり得る。

　さらには,事例 1 なら「直すが契約外なので甲がお金を払う」,事例 2 なら「B は乙の要望に応じるものの,それは仕様変更であるから,乙が B にお金を払う」という形で,現在想定されている要求とは逆の形の「金銭」の支払の有無と額が交渉項目になるかもしれない。

(e)　BATNA

　BATNA というのは,Best Alternative to Negotiated Agree-

4）　ただし,これは具体的な事案によるところであり,実際にはカードにならないかもしれない。次の例についても同様である。

ment, すなわち, 現在進行中の交渉が破談に終わった（ブレイクした）場合における, 相対的に最も優れた他の選択肢であり, そのBATNAと比較しながら相手の提案を受諾するかブレイク（交渉決裂）するかを選ぶことになる。

予防法務でいうと, 例えば,「X社から調達をするため交渉中である。ただし, X社との交渉が決裂すればY社から調達する」といった場合, BATNAはY社からの調達である。Y社からの調達の方が総合的に見て条件が良ければ, 条件の悪いX社からは調達しない（交渉をブレイクさせる）のが合理的な判断である。

そして, 紛争解決法務においては訴訟がBATNAであることが多い。つまり全ての紛争は, 交渉が決裂すれば（仲裁合意がない限り）裁判に持ち込むか「泣き寝入り」かの2択なのであるから, 訴訟で得られる判決や訴訟上の和解において想定されるライン（例えば判決認容額の期待値）と, 訴訟にかかる費用・時間・労力等も総合的に勘案して,「ここまで不利な内容に応じない限り合意できないのであれば, 訴訟をする方がまだマシだ」となれば交渉を決裂させることになる。

(f) ZOPA

ZOPAというのはZone of Possible Agreement, 合意成立が可能な領域である。すなわち, 例えば金額交渉を想定すると, 受け取る方（例えば事例1であれば損害賠償を受け取るA）としては高ければ高い方がよく, 最低でも○円はほしいという心づもりがあるだろう。そして, 払う方（例えば事例1であれば損害賠償を払う甲）は安ければ安い方がよく, □円を超えては払えないという心算があるだろう。そして□円が○円よりも小さければ合意は成立せず, □円が○円よりも大きい場合, この2つの金額の間がZOPAである。

具体的には, 事例1でAが最低限5000万円はほしいと考えてい

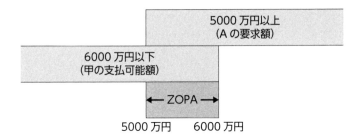

て，甲が 6000 万円以上は払えないと考えていれば，最終的に，
5000 万円から 6000 万円のどこかで合意が成立することになる。こ
の領域が ZOPA である。

　自社の上下限額は自社内で設定するものの，相手の上下限額は通
常は（少なくとも本当のところは）わからない。だからこそ，相手
とコミュニケーションをして ZOPA を探っていく（(b)参照）。その
コミュニケーションの際には，例えば事例 1 の A として，甲が
「4000 万円以上は払えない」と言い出した場合に，それを額面通り
受け取るのか，それともブラフかなどを慎重に吟味する必要がある。

　ZOPA を探る上では「桁」という概念が有用である。例えば，
事例 2 の B が 1000 万円まで払えるが，それ以上は払えない，とい
う場合で，乙が 5000 万円を要求しているものの下ぶれの余地があ
る場合，B は 3 桁が上限であると述べ，乙は 4 桁が下限であると述
べることがある。ここで例えば B の代理人として「4 桁お支払いす
るのはかなり難しいのですが，例えば 800 万円や 900 万円などの上
の方でもいいのでなんとか 3 桁で合意できないかご検討いただけな
いですか」と言い，乙も落とし所として 1000 万円を想定していれ
ば，「3 桁は難しいですが，3 桁の上でいいという話なら，結局 999
万円も 1000 万円とほとんど同じなので，実質 4 桁ですよね，例え
ば 1500 万円とか 2000 万円等，下の方でもいいのでなんとか 4 桁に

乗せてもらえませんか」と述べ合って，最終的に 1000 万円で合意することができるかもしれない。

　なお，ZOPA でいうところの上下限は BATNA（(e)参照）に影響される。例えば訴訟なら 1 億円を払わされてしまうと甲が考えている場合には，4000 万円という提案はブラフの可能性が高いが，「訴訟でも 2000 万円くらいで済むと思われるが，裁判費用等を踏まえ交渉なら 4000 万円払う」ということならばそれはブラフではなく，4000 万円を断れば本当に交渉が決裂するだろう。

(g) 飴と鞭

　他にも飴と鞭という手法がある。すなわち，相手に対し，自社側の提案を呑んだ場合にどのようなメリット（飴）があるか，およびそれを拒否した場合にどのようなデメリット（鞭）があるかを説明し，自社側の提案は相手にとり合理的であって，これを呑むべきであると説明する方法である。

(4)　ゴール設定

(a)　ビジネスと法律

　当然のことながら，ビジネスの観点はゴール設定のために重要である。例えば，事例 1 で A の製造部門は「甲にはお世話になっているのであまり揉めたくない」といった考えを持っているかもしれない。また，事例 2 で B の営業部門も「乙はお客様なのであまり揉めたくない」と考えているかもしれない。このような点はどのようなゴールを設けるかと密接に関係する。

　しかし，とりわけ紛争解決法務では，既に紛争が生じている以上，ビジネス的な観点だけで考えることはできない 5)。

---

5)　なお，予防法務においても，例えば国際売買（第 10 章参照）において，相手方の企業が中国企業である場合，中国は日本の裁判所の判決を承認して

　ここで，多くの場合，法的観点というのは，判決になればどのような結果になるか，また判決に至るまでに必要とされるであろう時間・費用・労力等がどの程度かということを意味する。そこで，紛争解決法務の交渉においては BATNA が訴訟であることが多いことから（(3)(e)参照），訴訟をする場合と交渉において現在想定される解決ラインを比較して検討することになる。そして，「このような内容で示談するくらいなら訴訟したほうがまだマシだ」となれば，交渉における相手の提案にイエスと言わず，むしろ自社の方で反対提案を考え，「この内容を呑まなければ，こちらは訴訟を覚悟している」と述べることが考えられるだろう。逆に，相手の提案は必ずしも納得できない部分があるものの，訴訟と比較すればまだマシだとすれば，妥協する（相手の提案を呑む）べきということになるだろう 6)。

(b) 当該交渉全体のゴール

　当該交渉全体のゴールは，まさに上記のビジネスと法律の観点から設定することになる。例えば，事例 1 の A として，「（早期の迅速な修補を受けることができない前提で）5000 万円以上もらって和解する。この額を超えなければ訴訟も辞さない」などというゴールを設定することがあり得る。

　基本的にはある程度固いゴールを設定すべきである。それは，ゴールが行き当たりばったりになると，交渉が迷走するからである。ただし，仮に 5000 万円を最終ラインとしてゴール設定をした場合において，最後の妥結直前に，相手が 4000 万円まで降りてきたも

　いないため，「JCAA（日本の仲裁機関）で東京で仲裁する」という仲裁条項に合意をとり付けるなど，その後の紛争リスク等を踏まえた長期的リスク管理のために法的観点を考えざるを得ない場合もある。
6)　どうしても訴訟することがビジネス上必要だというような例外的な場合もあるが，あくまでも例外である。

のの，その 4000 万円が上限だと言って交渉決裂・訴訟提起も辞さ
ない態度をとっているという場合や，相手が提出した予想外の証拠
が強力であって，裁判になった場合には当初の予定よりも賠償額が
減りそうだと考えた場合には，再度意思決定をして，最終ゴールを
4000 万円にまで減額するということはあり得るだろう[7]。

(c)　それぞれのターンの交渉におけるゴール

交渉は何回かのやり取りを経ることが多い。レターやメールを送
って相手が返信するのを待つという方法もある。ただ，一定以上重
大な交渉であれば，双方当事者が一堂に会する会議を開催すること
が多い。このようなそれぞれのターンごとに個別の目的が設定され
る。

例えば，「今回の交渉ではこちらとしては訴訟を辞さないことを
示すことが目的である」「今回の交渉では可能なら何らかのビジネ
ス的解決をする方向性での合意を目指すが，少なくとも交渉継続そ
のものは合意してもらう」など，交渉全体のゴール ((b)参照) を見
据えながら，それぞれのターンで何を実現したいのか，現実的な獲
得目標を考えるべきである。

(5)　交渉戦略の立案

(a)　ゴールから実現過程を逆算する

ゴール設定 ((4)参照) を踏まえ，交渉戦略を立案することが必要
である。もちろん，依頼者から信頼が厚いベテラン弁護士であれば
「先生のいいように進めて下さい，よろしくお願いします」で終わ
ることがあるのかもしれないが，明確に交渉戦略を提案してそれを
依頼者の法務担当者に納得してもらった上で，それを実践するとい

---

7)　もちろん，再度検討したが，やはり当初予定通り裁判をする，というこ
とになるかもしれない。

うのが基本である。

(b)　最終ゴールとの関係

　基本的には，最終ゴール（(4)参照），すなわち，落とし所を踏まえて，どうやればそこに落とすことができるかという観点で交渉過程を考えることになる。

　例えば事例2で，Bもある程度落ち度があることは認めているし，乙としても修補を頼んでいる別の会社に4000万円を払って修補してもらったから修補費用4000万円を請求しているというだけであって，現在はシステムを使うことができているという場合，Bとして2000万円まで支払って和解するという最終ゴールを定めた上で，そのゴールの実現のため，「乙の主張する修補請求の内実は法改正対応等の当初約束していなかった対応（仕様変更）である」と主張したり，（別会社に支払ったという）修補費用が不当に高いなどと主張したりすることで，減額を求める方針を定めるということはあるだろう。

　反対に，事例2で乙が5000万円を請求しているところ，Bとして「当方に全く落ち度はない。『契約不適合』という主張は全て難癖にすぎず，単なる仕様変更要望に過ぎない」とし，実際にテスト結果などを証拠提出することで，その点を裁判所に行けば証明できるだろうと考えたなら，「あくまでも訴訟を回避することで訴訟費用を節約できるという観点から最高1000万円までならば払うものの，それ以上であれば訴えてもらって構わない」という立場を取ることが考えられる。その上で，乙の方としても，現場がこのシステムを使いにくいと強く主張するので振り上げた拳を下ろせないだけという状況なのであれば，Bとしては飴と鞭（(3)(g)参照）のテクニックを使うことができるかもしれない。具体的には，訴訟をした場合になぜ乙が完敗するかを説明するという「鞭」を示した上で，

「ただ，乙としてもゼロでは引き下がれないのですよね」と言って
Bとしても多少の支払の余地はあるという「飴」を示し，飴に誘導
するのである。例えば，その「鞭」を明確に示すため，Bの代理人
弁護士が作成した，説得的な法律意見書を相手に渡すことも検討に
値するかもしれない。

(c) それぞれのターンにおけるゴールとの関係

それぞれのターンおけるゴール（(4)(c)参照）との関係で，どのよ
うなやり取りをするかを，事前に検討し，必要に応じて依頼者側と
目線合わせをしておくことが重要である。

例えば，事例1でAとしては1億円をもらえない限り裁判もや
むを得ないと考えており，甲との初回の会議における獲得目標は，
Aとして訴訟意思が固いことを知ってもらうことだとする。その
場合，①まずは，自社としては多大な損害が出ており，社外取締役
からは「なあなあで終わらせると役員の責任になりかねない」との
声も出ているので，納得できない和解であればそれは蹴って裁判を
することを明確に伝えるという方法もあれば，②まだ最初なので最
終的な落とし所である1億円は示さず，（当初のレターで請求した3
億円について）「減額の合理的理由を示してもらえるなら，減額の
可否を検討するが，『契約不適合はないから責任はない』という説
明を繰り返すだけなら裁判所で会いましょう」というスタンスを貫
くという方法もある。どの方法を採用するかは具体的事案によるこ
とから，当該ターンにおける交渉方針について依頼者と事前に示し
合わせておくことがあり得る。

このような事前準備の過程では，自社関係者の誰（弁護士，法務
担当者，依頼部門担当者）がどの順番でどのように話すのか，相手
がどのようなことを言ったらどう返すかなどをシミュレーションす
ることになる。弁護士が代理人として交渉する場合，依頼者が同席

するとしても，主に弁護士が話すことが多いと思われる。しかし，場合によっては「ここで弁護士がかなり強硬な発言をし，その後で依頼部門担当者がフォローする」といったより具体的な役割分担についても事前に調整しておくことがある。

　ここで，相手が予想外のことを言い出した場合等における事前準備の限界を理解しておくことも重要である。その場合によく採用される対応は，「一時席を外して内部で協議する」という対応である。また，「この点について追って社内で検討するので次の会議でまた協議したい」という返し方もあるだろう。ただし，事前に容易に予想できるような相手の対応について，どう打ち返すかを想定していないのでは準備不足と言われてもしかたがないだろう。

(6)　交渉の王道とテクニック

(a)　王　道

　交渉の王道はなんといっても信頼関係の形成である。信頼関係がないがために，もし信頼関係が存在していれば実現するであろう合意が実現しないことは実務上多く見られる。

　また，複数の交渉項目（(3)(d)参照）を同時に交渉するパッケージ交渉も基本的なやり方である。例えば事例1で，先に修補するか否かについて交渉し，修補自体はする旨を合意した後で，別途いつまでに修補するかを交渉していたら，修補完了は1年後と言われ，そうであればせっかく修補するとなっても時間をかけて交渉をした意味はなかった，ということにもなりかねない。また，パッケージで交渉することで，「項目Xで譲るからYで譲ってくれ」と言いやすくなる。

　さらに，win-winの代替案を探すことも大事であり，実際にはそのようなよい案がないことも多いが，まずは何か相互にパイが大き

くなる提案ができないか検討すべきである[8]。

　加えて相手が社内説明をできるようにする，つまり，その提案が（自社にとってはもちろん）相手にとっても利益があると相手の交渉担当者が社内で説明して承認を取ることができるようにすることも重要である。

(b) テクニック

　様々な交渉テクニックが人口に膾炙している。例えばいわゆるブラフとして，本来認められる余地のない非常に大きな要求をし「これで呑むか交渉決裂か」と迫る（take or leave 交渉）等はよくある交渉テクニックである。

　確かに，相手がそのような交渉テクニックを使うかもしれないことを理解しておくことは重要である。例えば事例 2 において乙が10 億払うか訴訟かを迫った場合，「訴訟になった場合に 10 億を払わせられるシナリオは想定できないことから，これはブラフと思われる。そこで，『訴訟するならばそれでも構わない。ただ，当方として，数千万円の話ができるなら引き続き交渉すること自体はやぶさかではない』と説明しましょう」というように，テクニックを知ることで相手の交渉方法をよりよく理解することができる。

　もっとも，テクニックの多くは信頼関係（(a)参照）に悪影響を及ぼす。一度ブラフを使えば相手は「どうせまた交渉のため適当なことを言っているだけだ」と思ってしまうだろう（オオカミ少年効果）。

　もちろん，具体的な事案のベストな解決のため，場合によってはパッケージ交渉ではなく，あえて一部の交渉アイテムを分割して先行検討することを提案することもあり得る[9]。

---

8)　松尾剛行『キャリアデザインのための企業法務入門』77 頁。
9)　例えばビジネス交渉が長引き，弁護士が入った時には時効が見えているので「まずは交渉することに合意しませんか」（民法 151 条参照）と提案す

⑺　二次紛争を避ける

　せっかく合意できたのに詰めが甘いと，お互いに揉めて和解無効訴訟等の二次紛争が生じかねない。だからこそ，合意書の文言を精査し，また，その事案の具体的状況を踏まえ，今後どのような二次紛争が起こり得るかを想定して対応すべきである。

3　訴　訟

⑴　訴訟業務のイメージ

> 事例１：前記事例１で交渉が決裂し，Ａが訴訟提起を依頼する。
> 事例２：前記事例２で交渉が決裂し，乙が訴訟を提起し，Ｂは弁護士
> 　　　　に代理を依頼する。

　訴訟はいわゆる「ターン制カードバトル」のイメージで進んでいく。つまり，まずは訴状を提出し，そこに証拠を添付して原告が自分の請求に理由があることを示し，次に被告が答弁書・準備書面と証拠を提出して請求に理由がないことを示し，その後は原告と被告が交互に主張していくのが通例である [10]。

　事例１は原告側である。そもそも，企業において自ら取引先を提訴する，ということへの心理的ハードルは，少なくとも伝統的には高かった。しかし，例えば10億円の損失が生じており，訴訟を提起すれば回収できるはずなのに，それを合理的理由がないのにもかかわらず [11] 行わないとすれば，その経営判断については，まさに

　るなど，「型」を乗り越える試みは必要であるが，新人弁護士の方々にはまずは王道を実践できるようになっていただきたい。

10)　ただし，裁判所が双方当事者に同時に宿題を出すこともある。

「みすみす 10 億円をドブに捨てた」として，誤った経営判断と断じられてしまう可能性があるだろう（第 6 章参照）。そのような背景から，少なくとも「こちらから訴訟を提起することはおよそ紛争解決の選択肢ではない」という立場を採用する企業は減少し，「もちろん訴訟を回避できればそれに越したことはないものの，取引先相手であっても，総合的に考えて訴訟の方が合理的ならば訴訟をすることも辞さない」という企業が増えている。とはいえ，弁護士としては，安易に「勝てます」と言って受任すべきではなく，証拠に基づく堅実な見通しを示すことが重要である。

　事例 2 は被告側である。ここでは，既に訴えられており，もちろん理論的には「認諾」「放置」もあるのだろうが，通常は交渉を経由していることが多い 12) ので，交渉の際に，「裁判が来たら応訴して戦い，判決を獲得する方が有利だ」と判断して交渉を決裂させているはずである。よって，予定通り応訴するということが通常である。その際は，反訴を検討すべきであり，例えば，事例 2 であればいろいろと乙に当初約束をしていないことをさせられて業務量が増えたのでその分の追加報酬を請求することが考えられる 13)。

---

11)　例えば，損失を回収できないデメリットよりも，取引先との今後の関係継続のメリットが大きいなど，訴訟をしないことが総合的に考えて合理的といえる理由があれば別である。

12)　ただし，適切な交渉を行うような合理的な相手方であれば交渉で解決することも多く，最終的に裁判になる場合については，交渉を経由せず突如として裁判が起こされる事案の割合は一定以上存在する。

13)　日本企業は上記の通り，何もないところでこちらから訴訟を起こすことには消極的だが，一度訴訟が起こされれば，それに対して反訴等の対抗策を講じることについては，その内容が合理的である限り，企業内において強い反発がないことが多い。

⑵　訴訟のゴール

　当然のことながら，訴訟は判決確定に至るプロセスである。そこで，訴訟のゴールは判決である。ただし 2 点に留意が必要である。

　1 点目は訴訟上の和解の可能性である。もちろん，多くの訴訟は，訴訟提起前に交渉を経ていることを考えると，少なくともこちらから交渉を決裂させた事案であれば，簡単に「もう一度交渉時における先方の提案と同様の内容で和解をする」という判断にはならないと思われる[14]。しかし，例えば裁判所が心証を示し，判決を見越すとこの内容で今和解した方が合理的であるとして説得する場合において，当該心証が，交渉時において判決として想定したものと異なっていれば，その心証を踏まえ，①その心証の判決をもらい控訴審で逆転を目指すのがよいか，②その心証を踏まえると和解の方がベターとして和解するかを検討することが必要となる[15]。

　2 点目は控訴・上告である。多くの控訴事件は控訴棄却となるし，上告事件も圧倒的多数が不受理等のいわゆる「三行半」で結論が確定する。一方で，控訴審で長い戦いが繰り広げられる案件も少なくないし，例えば控訴審に半年間，上告審に半年間かかるとしても合計で 1 年は解決が遅くなる。また，判決の場合には別途執行も必要となることもある。その意味で，控訴されても結論が変わらないとしても，多少予想される判決よりも悪い内容[16]で和解することもまた合理的である。

14）　もしそうであれば，訴訟を起こさず交渉時に和解をする方が合理的であったということになる。

15）　様々な理由により，そこで示される心証と同じ内容の判決となる可能性は 100％ではないが，本書は入門書なので，この点に深入りしない。

16）　例えば事例 1 で 5000 万円支払ってもらえるという心証の場合に，即時に 4000 万円をもらうという判断は具体的事案において合理的な判断であり得る。

(3) 訴訟と時間感覚

(a) ビジネスからすると「遅い」裁判

訴訟のターンは例えば1か月準備して1か月半ごとに期日となるようなイメージであり，夏には夏季休廷期間もある。裁判官が交代して期日が空転することもあり，ビジネスの常識からすると裁判は「遅過ぎる」というイメージを持つこともある。

そして，担当者が辞める，記憶が薄れ，資料が散逸するといったことが実務上頻繁に生じるので，裁判をスピーディーに行うことが依頼者にとってメリットがあるという側面はある。

(b) 「急がば回れ」のことも

ここで留意すべきは「急がば回れ」のこともあるという点である。

そもそも資料の確認，ドラフト，社内の承認手続等に一定の時間がかかる。この点はもちろん会社次第であって，意思決定権者がYesと言えばいいだけの会社か，社内の稟議を何段階も経る会社かにもよるが，一般に短期間では書面の内容は確定しない。

また，相手が不明確な主張しかしていない場合に，焦って相手の主張をこちらで明確化してしまうことで，「説得力のない主張」が「説得力のある主張」に変わってしまうことがある。

さらに，和解にはタイミングがあり，例えば年度末である3月末に，相手方が決算を黒字にしたいという理由で要求額を大幅に下げ，和解が急遽成立するということもある。

その意味で，ビジネスの「早く解決してほしい」という意向そのものは尊重すべきであるが，単純に早く進めればそれだけでよいのではなく，いわゆる「急がば回れ」の場合もあることには留意が必要である。

(4)　証拠資料収集

　法律論も重要であるが，事実がどうか，という点が裁判官の心証を動かす上では重要である。そこで，どのようにこちらに有利な事実を裏付けるか，証拠資料収集が重要である[17]。

(a)　依頼者

　証拠や資料は依頼者が持っていることが多い。依頼者に確認してもらうべきである。その際は法務担当者との二人三脚（第 2 章 2(3)参照）で，法務担当者から関係部門に問い合わせてもらうことが多い。

　なお，フォレンジック業者に依頼者のメールログを抽出してもらうなど，専門家の協力を得るべき場合もある。

(b)　相手方

　意外と大事なのは相手方に出させるというもので，「〜と主張するなら，〜があるはずだ」などと相手に出すように迫ったり，裁判所を通じて相手に出すよう促してもらったりすることもある[18]。

(c)　公的機関

　情報公開請求は有用である。事案によっては自己の個人情報の開示請求によって，有用な証拠を取得することができるかもしれない。

　公的機関が，弁護士会照会があれば協力できるということもあり，弁護士会照会を活用すべき場合もある。

(d)　第三者

　第三者であっても，その人が味方なのであれば，（依頼者に仲介してもらうなどの第三者が協力しやすい方法で）協力を依頼すべきである。例えば事例 2 において，実際には下請け業者にシステムを開発してもらっていた場合の下請け業者である。

---

17)　中村直人 = 山田和彦『弁護士になった「その先」のこと。』73 頁参照。

18)　文書提出命令を申し立てることもある。

中立的な第三者なら弁護士会照会をかけることも考えられる。

(e)　**公開情報等**

OSINT（open source intelligence）が重要だといわれるが，インターネットや図書館等で公開情報を調べることが有用なこともある。アンケート調査その他の調査を行うこともある。

(5)　関連手続

(a)　**仮処分・仮差押え**

民事訴訟であれば，民事保全法は常に意識すべきである。仮処分での成功は実質的な事案の解決に直結することも多い。また，金銭請求事案で仮差押えをしておかないと，後で「手元不如意」の抗弁を出され，判決が「紙切れ」になるリスクがあることに留意が必要である。

(b)　**民事調停**

双方が代理人を付けて交渉をした上で，交渉が成立しないとして当事者間の交渉が決裂したのであれば，双方が合意できない場合に強制的な決定権がない民事調停は，選択肢としての優先順位は低いと言わざるを得ない。これに対し，裁判は裁判上の和解ができないと判決になるので，相手が不合理な主張を繰り返し，和解ができなければ最後は裁判所に判決を求めればよい。

ただし，複雑な訴訟において専門調停委員の専門性を生かすため，あえて調停に付すことがある。また，調停は秘密手続であるから，秘密を守るために調停を選択することもあるだろう。

(c)　**労働審判**

労働者側にとって，特に金銭解決を求める場合には労働審判は有用である。例えば，筆者が（珍しく）労働者側で労働審判を申し立てた結果，当事者間で合意できないため勝訴的審判をもらい，相手

が異議を出して訴訟に移行した事件で，やはり労働審判での勝利が
よい影響を与えて最終的にも勝訴的和解となった事案がある。

　逆にいうと，企業側としては最大 3 回の期日で終了させるという
短期集中型手続への対応，特に第 1 回を実質的にしようとして短期
間にかなり詳細な答弁を求められることへの対応等が大変である。
紛争が激化して労働審判を含む手続が開始しそうな状況となってか
ら弁護士に依頼するまでの期間が短ければ短いほど，弁護士として
は対応しやすくなる。

(d)　仮執行宣言と執行停止

　第一審で金銭賠償を命じる判決が下される場合には，仮執行宣言
が付されることが多い。この場合，敗訴側としては担保を提供して
控訴に伴う原審判決の仮執行宣言の執行停止の申立てをしなければ
ならない。そこで，担保提供のための金銭的負担が生じる。

　このような金銭的負担がどのタイミングで生じるかは金額次第で
は資金繰り等とも関係するので，早め早めで進めるべきである（第
2 章 3 (2)参照）。

(e)　執行と財産開示

　和解であれば多くの場合には任意の支払が期待できる（また，支
払われなければ執行することができる）が，判決は執行しなければな
らないこともある。

　この場合，執行対象となる財産を探すことになる。ここで，民事
執行法上の財産開示制度等も存在するが，故意に財産を隠された場
合の対応には実務上の限界が残る。

4　危機管理

⑴　危機管理とは

　危機管理は会社の信用を害するような重大な事件が発生した場合の対応をいい，不祥事対応等とも呼ばれる[19]。例えば，経理担当者が100万円を横領していたことが発覚しても，上場企業にとってそれはいわゆる「従業員不正」であり，通常は危機管理対応までは必要はないだろう[20]。

　しかし，経営者が10億円を横領していればこれは会社にとっての重大な事態であり，会社の信用が失墜し，場合によっては企業の存亡の危機にまで追い込まれるかもしれない。だからこそ，信用を回復させるため，危機管理対応を行う必要がある。

　筆者は若手弁護士の頃，巨大企業の経営者不正発生後，信用回復に努める新経営陣をサポートする弁護士として，所属事務所のパートナーの下で毎日同社の会議室に詰めた。その際には現場主義ということで，工場に出向いて現場で働く従業員の姿を見て，「頑張っている従業員のみなさんが万が一にも路頭に迷うことがないように」と懸命に対応した。これが危機管理対応の原点であり，それが

---

19)　ランサム攻撃を含むサイバーセキュリティー被害等は「不祥事」というよりは「悪意あるハッカーの被害者」ではあるが，同時に顧客から預かっている大切な情報が漏洩するようなこともあるので，危機管理が必要である。松尾剛行「ランサム攻撃に関する個人情報保護法，会社法，及び民法に基づく法的検討——情報セキュリティと法の議論枠組みを踏まえて」情報ネットワーク・ローレビュー21巻（2022年）68頁（https://www.jstage.jst.go.jp/article/inlaw/21/0/21_210005/_pdf/-char/ja）参照。

20)　ただし，従業員不正対応は別途必要であり，例えば，懲戒処分等が考えられる。また，これをきっかけに経理部門における不正の再発防止を考える必要がある。

その後の第三者委員会案件や公共政策系危機管理案件等の危機管理の礎となった。

(2)　危機管理の基礎

(a)　危機管理のゴールは何か

危機管理におけるゴールは「企業の信頼回復」である。すなわち，不祥事が発生した場合，そのまま会社が信頼を失い，最悪倒産などという状況に至ることは残念ながらあり得るところである。しかし，会社には多数の従業員が存在し，関係する取引先等やその家族まで含めると関係者は極めて多くにのぼる。そこで，多くの場合には，なんとか会社の信頼を回復させることがゴールになる。

(b)　危機管理のゴールが実現しない場合

では，どのような場合にかかるゴールが実現せず，一度失墜した信頼が回復せず，むしろ信用がさらに下がるという状況が発生するのだろうか。

それは典型的には二次不祥事[21]，つまり，（広報対応等の）危機管理対応についてステークホルダーの不信感を招いた場合である。既に起こってしまった過去は変えられないものの，将来，つまり，その後において適切な対応ができるかは，企業法務弁護士を含む関係者の頑張り次第なのである。

(c)　ポジション（ペーパー）

危機管理の場合には，会社が 1 つのポジションをとり，それに基づき説明等の対応をしていくことになる[22]。例えば，前記の事案であれば，「そもそも経営者の不正疑惑といわれるもの自体が存在

---

[21]　松尾剛行『キャリアデザインのための企業法務入門』107 頁参照。
[22]　このようなポジションをまとめた短いシートをポジションペーパーと呼ぶ。

せず，何ら法律に違反することはしていない。ただし，会計上の記帳方法等手続に不備があったのは事実で，その点は謝罪し，改善に努める」というポジションの可能性もあれば，「（問題を指摘された旧経営陣が辞任した後）旧経営陣には確かに問題があったが，そのような旧経営陣を一掃した上で，新経営陣の下，一致団結して信頼回復に努める」というようなポジションをとることもあり得る。

(3) 各対応の準備

(a) はじめに

危機管理対応としては，(4)以下に述べる調査・広報・再発防止対応等を行うところ，そのためには事前に以下のような準備をしておくことが必要である。

(b) ステークホルダー

各事案において，まずはステークホルダーを確認すべきである。ステークホルダーが会社から離反してしまうと，最悪の場合には企業として存続できなくなる。例えば重要取引先（銀行を含む）が取引を打ち切ってしまうと，いくら会社に従業員がいて商品やサービスを供給できるとしても，会社として立ち行かなくなる。また，所轄官庁から重大な行政処分を受け，廃業やむなしとなることもある。さらに，被害者がいる場合には当該被害者に対する適切な対応が必要である。

(c) 危機管理チーム編成

各部門から関係者を集めてチームを編成する。会社からは例えば法務，広報部門，担当部門の者，そしてアドバイスをする企業法務弁護士が主要メンバーとなると考えられる。取締役が会社から権限を与えられ，チームの結論を承認して素早く臨機応変に対応を進めていくなど，「意思決定」のためにチームに参画することもある。

　近時は通信技術の進展により，物理的にいろいろなところに分散している関係者が協力し合う形の対応をすることも増えているが，物理的な「司令塔」を本社会議室等に設けることもまだ多い。

⑷　調査対応

　事実関係がわからなければ，会社としてどのようなポジションをとるべきかが確定しない。そこで事実を調査する必要がある。ここでのポイントは，その時点におけるもっとも確からしい事実というものが，時間に応じて変わり得るということである。例えば，最初は（旧）経営陣は「通常の適正な取引で，記帳方法も何も問題ない」と主張していたが，その後の調査で記帳方法の問題が明らかになったため，「記帳方法は問題があったが適法だ」という説明になり，最後は「違法な横領を認める」というように主張が変遷してもおかしくない。

　だからこそ，まずは最初にポジションを決定する時点において——とりわけその後実施される調査を踏まえて——「事実が変わる」という状況が十分にあり得ることを見越してポジションをとることが重要である。例えば「不正があるという疑惑を踏まえ，当社は誠実に事実関係を調査する。経営陣は記帳方法の問題はともかく法的には適法だと説明しているが，調査結果を待ちたい」といった形の（今後の調査によって経営陣の説明が虚偽であるとわかるかもしれないことを念頭に置いた）「含み」を持たせるといったことである[23]。そして，調査の結果として違法な横領の証拠があり，経営

---

[23]　ただし，調査をしても，結局「通常の適正な取引で，記帳方法も含め一切問題ない」となる可能性が高い場合に，このような「含み」を持たせることが逆に「調査チームも経営陣の説明を疑っているということではないか？」という疑心暗鬼を招き，マイナスとなることもある。その意味では，それぞれの具体的事案に応じた判断となる。

陣が横領を認めれば，「調査により違法な横領が判明した」として，「旧経営陣には確かに問題があったが，そのような旧経営陣を一掃した上で，新経営陣の下，一致団結して信頼回復に努める」というポジションをとるという「ポジションの修正」があり得るだろう。

　いずれにせよ，調査においては，真実を明らかにし，「膿」を出し切ることが重要である。例えば，最初に横領された被害額は1億円であったと公表した後で，実際は被害額が10億円であったなど，さらなる不祥事があったことが発覚すると「調査そのものに信用性がない」として，自浄作用がないと批判されるような二次不祥事になりかねないのである。

　その対策として，担当弁護士としては，ヒアリング前に客観証拠を徹底して読み込み，動かし難い事実を踏まえて言い逃れをしにくくする必要がある。「あなたの責任追及のためではなく原因究明のため，事実を聞きたい」というスタンスで臨むなど，関係者から真実をできるだけ引き出す努力をすべきである。

(5)　広報対応

(a)　記者会見シナリオ

　ポジションに基づく説明として，記者会見シナリオ[24]も重要である。すなわち，記者会見ではいろいろなステークホルダーの立場からの質問がなされる。例えば「新経営陣の下，旧経営陣とは完全に決別して損害賠償訴訟等も辞さないということでよいか」という質問にYESと答えるが，「旧経営陣は最大株主であり，最大株主と戦うことによる会社運営上の支障を回避すべきではないか」という質問にもまたYESと答えるような矛盾した対応をしてしまったの

---

24)　松尾剛行『キャリアデザインのための企業法務入門』109頁参照。

では到底信頼回復はできない。そこで，1つのポジションに基づきどのような観点からの質問にも一貫して回答できるようなシナリオを決定するのである。

(b)　QA とエスカレーション

実務上は記者等からの質問を想定した準備として QA を作成し，エスカレーションプロセスを決めることが多い。つまり，どのような質問が想定されるかを事前に書き出して，それに対するポジション・記者会見シナリオに基づく回答を整理して，広報担当者のうちの誰が聞かれても同じ回答ができるようにする [25]。

なお，この QA で対応できない難しい場合には危機管理チームにエスカレーションをして，そこで対応することになる。実務上はまずは危機管理チーム内の社内のメンバーが対応し，それで対応できないと社外の弁護士が対応することになるだろう。

(c)　記者会見

本当は回避したいものの，重大な事案では記者会見をしないといけないこともある。

まずは，誰が話すかである。弁護士が前面に出るよりは，危機管理チームの責任者である取締役や社長がメインのスピーカーとなり，細かい内容はチームメンバーが補足し，全体に対して必要に応じて弁護士が補足するといった形で，会社内で自浄作用が働いていることを示すことが望ましいことが多いだろう。

次にどのような内容を話すかである。記者会見では，冒頭でスピーカーが簡単に説明をして，その後で質問に答えることが多い。基本的には冒頭でスピーカーがポジションペーパーに基づく説明をした上で，その後の質疑では，記者会見シナリオと QA を基に対応

---

25)　一般従業員に対しては，記者から質問があった場合，「広報に問い合わせて下さい」と答えるよう指導する。

することになるだろう。

　最後に，スピーカーとしてどのように話すかであり，身嗜み，口調，視線等を含め，記者会見に対応した訓練（メディア・トレーニング）を受けるべきである[26]。

(6)　再発防止対応

　危機管理の目的（(2)(a)参照）との関係では，「これではまた同じことが起こる」と思われてしまえば，信頼は回復せず，その目的を達成することができない。そこで，再発防止のための対策を講じることが必要である。ここでは，①ステークホルダーが「これではまた同じことが起こる」と思わないか，②本当にそれで再発を防止することができるか，という2つの観点が重要である。

　なお，一見この2つは同じことのように思われるものの，実際には異なっている。例えば，①の観点からは「新組織の設立」というのはわかりやすいものの，単に屋上屋を架すような類似組織が増えるだけであれば，②の目的を達成できないだろう。また，②の観点からきちんとした再発防止策であっても，①の目的の達成という意味では，ステークホルダーへの説明が悪かったり，外観上の不信感を招いてしまったりするような場合には結局ステークホルダーの信頼を回復することができない[27]。

---

26)　PR実務研究会『弁護士のためのPR（広報）実務入門』（民事法研究会，2023年）34-35頁も参照。

27)　例えば，10人取締役がいて，そのうち9人は新しい取締役だが，不正をした旧経営者が1人平取締役として残る場合を考えよう。①の観点で見ると，確かに9対1で旧経営者は何も決められないことから，旧経営陣の影響を排したとは言えるのかもしれないが，外観上は旧経営者が取締役として残っており，ステークホルダーが再発防止策として不十分だと考えるかもしれない。②の観点で見ると，新経営陣の中に旧経営者に恩義を感じている人が多いのであれば，たとえ1人であっても取締役会に旧経営者が出席する

(7)　第三者委員会

　調査は，①内部調査，②顧問弁護士等の協力を得ての内部調査，③独立社外役員による調査，④第三者委員会による調査等がある。第三者委員会による調査というのは，独立した委員会[28]に全権を委任し，会社として全面協力する前提で，委員会に事実を調査させた上で，再発防止策等を助言してもらうということである。

　第三者委員会については，名目上「第三者」だと言いながら，実質的には社長の「お友達」等がお手盛りの調査をしてお茶を濁しているのではないかなどという批判がある。日弁連のガイドライン[29]に基づき，独立性を確保することや，実質的にも調査の適正が確保されていることを報告書の説得的な記述から理解してもらうことなどがポイントになる[30]。

　調査報告書は公表されることが多いところ，公表に際して従業員の氏名を匿名化するなど，公表版の作成1つをとっても苦労が大きい。なお，公表版においてどこまで詳細な事実関係を記載するかという問題があり，通常は事案の本質を明らかにし，再発防止策等の提言を実現するのに必要な範囲で記述することとなろう。

(8)　取引先・所轄官庁・被害者その他のステークホルダー対応

(a)　取引先

　危機管理対応においては，取引先に対する説明をすることになるが，信頼回復という目的の観点からすると，①タイミングや具体的

　　　ことで忖度し，その結果再発防止ができないかもしれない。
　28)　委員には元裁判官，元検察官，弁護士の中でもある程度以上の経験や経歴のある人が就任することが多く，実働は弁護士が行うことが多い。
　29)　日本弁護士連合会「企業等不祥事における第三者委員会ガイドライン」（https://www.nichibenren.or.jp/document/opinion/year/2010/100715_2.html）
　30)　なお，近時は第三者委員会報告書を格付けする等の動きもある。

な相手を考える，②取引先の懸念を理解する，③上司に説明できる
説明を提供するといったことが重要である[31]。

　まず，連絡が遅過ぎることによる信頼失墜は頻繁に発生する。例
えば，不祥事がメディアに取り上げられ，取引先社内で取引を担当
している部門に対して「どうなっているのだ」という声が上がって
いるタイミングにおいてきちんと説明せず，その後に説明に行って
も「遅過ぎる」として信頼を失うことになりやすい。また，説明の
相手としてある程度ハイレベルの人が望ましいが，そのためにはこ
ちらもハイレベルの人を出す必要があるところ，相互の日程調整が
難しく時間がかかるという問題もあり，具体的状況を踏まえて対処
する必要がある。

　次に，取引先としては，依頼者と取引することで「お仲間」など
と見られ，取引先自身の信用も下がるのではないかといった懸念を
持っていることが多い。また，信用失墜によって債務不履行や，商
品やサービスの提供中止が発生するのではないかと不安になること
も多い。それ以外のものも含め，取引先の具体的懸念を確認し，そ
れに対する説明をすべきである[32]。

　最後に「説明の相手方がその上司に説明できるような説明」を提
供するという発想が重要である。つまり，取引先のトップと面談す
るならともかく，説明の相手方はその上長等に「取引を継続しても
こういう理由で大丈夫である」と説明できなければならない。そこ
で，どうすればそのような説明ができるか，という観点を入れるこ
とが重要である。

---

31)　個々の取引先のところに頭を下げに行くというのが主な方法だが，実務
　　上，（多くの場合には個別対応に加え，）メールや顧客限定のサイト上で説明
　　をすることもある。
32)　ただし，安易に約束できないことを約束するのも二次不祥事につながり
　　かねない。

(b)　所轄官庁

所轄官庁に許認可を取り消されるなどの最悪の事態になれば，いくら取引先が支援を約束していても，企業の存続が維持できないことが多いだろう。だからこそ所轄官庁対応が重要であり，この点については第8章を参照されたい。

(c)　被害者

被害者対応では誠実に謝罪をして補償等を行うことになる。ただし，社会通念上是認し得る範囲の要求に応じるということになるだろう[33]。

(d)　その他

その他のステークホルダーとして証券取引所，従業員（労働組合），地域住民，所属団体等が存在し，これらにも対応をしなければならない。

> ＞ POINT ＜

▶ 臨床法務（紛争解決法務）の勘所は，発生した事実関係を前提にダメージを最小限に抑えるリスク管理である。

▶ 交渉においては，ビジネスと法律双方の観点からゴールを設定する必要がある。双方が交渉カードを用意し，BATNA を意識しながら交渉をブレイクさせる場合との比較の中で意思決定を重ね，ZOPA の内側で「落とす」戦略を練る。交渉テクニックよりも，信頼関係の維持が最も重要である。

▶ 訴訟は，判決をゴールとする「ターン制カードバトル」である。ビジネスサイドからすれば裁判は緩慢であるが，「急がば回れ」を留

---

[33]　最近では SNS 等で謝罪対応等が実況中継されるとか，複数人被害者が存在する場合に1人に対する踏み込んだ提案をしたことが他の被害者にも共有され，「1人に対してだけ不公平な対応をしている」と言われるなどの状況も発生しており，これらを踏まえた対応を行うことになる。

意すべきこともある。公的機関や第三者等から証拠資料を収集することもある。仮処分・仮差押え等の関連手続を活用し，判決の実効性を確保することも必要である。

▶ 危機管理は，企業の信頼回復をゴールとした，会社の信用を害する重大事件への対応である。まず，事実調査を行い，事実変遷の可能性も織り込んだポジションをとる必要がある。調査のため，第三者委員会を設置することもある。その上で，ポジションに基づく一貫したシナリオを決定し，再発防止策等をステークホルダーに対し説明しなければならない。

▶Column　出向を通じて学ぶ

　企業への出向は，ビジネス理解のためのよい機会となる。筆者は新人の頃に外資系金融機関の東京支店に，中国留学中に日系企業の北京子会社に，そしてパートナー就任時に日系グローバル企業の東京本社に出向する機会をもった。いずれもフルタイムではなく週1日〜3日というものであり，その意味では，完全な「社内」というよりは「顧問弁護士と社内の法務担当者の中間」といった立ち位置である。

　しかしそうであっても，依頼部門との直接のやり取り，完全な業界用語・社内用語だけのやり取りに食らいつくことで，事務所の弁護士という立場のままではなかなか得ることができない経験をすることができた。ビジネス理解を高める上で重要な機会を得たと言える。

　とりわけ企業の法務部門は，様々な部門と連携したり，相手方と交渉したり，顧問弁護士とやりとりをしたりと，様々な人とコミュニケーションをしていくことが多い。そのようなコミュニケーションは，人脈や御膳立て等の工夫で，よりスムーズになる。依頼者の法務部門がこのようなコミュニケーション上の工夫をしながら日々業務を進めていることを知ることで，その業務を顧問弁護士の立場でどのように支援することができるか，アイディアがわきやすくなるだろう。

第6章 戦略法務

1 戦略法務のポイント

　法的リスクを中心とした長期的リスク管理の重要性は，経営戦略レベルの意思決定においても同様に当てはまる。そのため，経営戦略策定に法務部門が関与することはますます増加している。このような場合には，法務部門と企業法務弁護士が協力してその役割を果たすことになる。戦略法務の詳細な定義については後で述べるが（2(1)参照），このような法務の活動を戦略法務と呼ぶことがある。

　重要なことは，戦略法務が，法務にとって経営からの（さらなる）信頼を得る重要なチャンスであるとともに，うまくいかなければ重大な問題にもなりかねないということである。その意味で，（予防法務や紛争解決法務において全力を尽くすべきことは当然であるが）法務から戦略法務のサポートを頼まれた場合，弁護士としては喜んで対応すべきであるし，また，それがうまくいくよう全力を尽くすべきである。そしてその際には，経営判断の原則に即した「内容」と「手続」双方の適切性を確保するという観点から，意思決定過程の全体像の中に今自分がやっていることを適切に位置付けるべきである。

　加えて，普通の予防法務等であれば，弁護士の説明の相手は法務担当者であるところ，戦略法務の場合，社長を含む役員に対して説明する機会も出てくる。これは，「法務の言語」ではなく，経営者

に対するわかりやすい説明が必要ということである。そこで，例えばパワーポイントの利用等，経営者にとってわかりやすい示し方も検討すべきであろう（第9章 Column 参照）。

2　戦略法務とは

(1)　戦略法務の概念に関する議論

　戦略法務の概念については，経営者の経営戦略策定をサポートするという，経営者の伴走者となる趣旨であると理解する論者が比較的よく見られる。他方で，それを「経営サポート法務」と称した上で，むしろ戦略法務は法律に関する知識・経験に基づき事業機会を探すものとする[1]論者も存在する。

　筆者はこれを理論的な問題とは必ずしも捉えていない。むしろ，実務上行われる予防法務や臨床法務には必ずしもきれいに分類できない弁護士の企業法務関係の活動をどのように称するか，という問題だと考える。予防法務や臨床法務にきれいに分類できない戦略法務特有の問題意識としては，以下の2点が重要と思われる。

・予防法務や臨床法務では長期的視点に基づくリスク管理がなされるが，主にマイナスを減らすとかマイナスが生じる可能性を減らすというものであり，プラスを増やすリスク管理が注目されていないところ，実際はプラスを増やすリスク管理も行っており，このような一面も重要である。
・弁護士は通常は法務部門をサポートするが，直接経営者をサポートする良きアドバイザーとなったり，経営者の良きアドバイザーたる法務部長・GC（General Counsel）・CLO（Chief Legal Offi-

---

1)　弁護士法人畑中鐵丸法律事務所編，畑中鐵丸著『企業法務バイブル〔第2版〕』（弘文堂，2013年）。

　cer）の支援をしたりもしているところ，このような活動に独自の
　意義を認めるべきである。

　以下ではこの 2 つの問題意識を，いずれも戦略法務という枠組み
の中で論じる。

(2)　戦略法務と他の法務活動の関係

(a)　はじめに

　戦略法務は他の類型の法務活動とは無関係ではない。そもそも，
全ての法務活動は長期的リスク管理のために行われるのだから，そ
のような共通の大目標の実現という意味で相互に深い関係がある。
以下他の法務活動の関係について概説する。

(b)　予防法務

　戦略法務と予防法務（第 3 章・第 4 章参照）とのつながりは深い。
例えば，経営戦略レベルにおいて M&A 等の特定の取引（事業）を
行うべきかを戦略法務で検討した場合，その結果として当該取引
（事業）を行うとなれば，具体的な契約書等のアウトプットを作成
する等の予防法務が発生する。

(c)　臨床法務

　戦略法務と臨床法務（第 5 章参照）は一見関係が深くないように
見えるが，経営者のアドバイスという意味では，事業撤退の意思決
定のサポート，経営レベルでの意思決定が必要な重要紛争における
経営判断サポート等の業務がある。

　なお，危機管理（第 5 章 4 参照）における経営者のサポートも，
臨床法務と戦略法務の接点である。

(d)　公共政策法務

　公共政策法務（第 7 章参照）はその費用も労力も大きいことが多

い。それでもあえて公共政策法務を行う場合には，単なる部門レベルではなく経営者レベルの意思決定が行われることが多い。そこで，例えば「新規事業が現行法上はグレーであることから，公共政策法務を通じて適法とのお墨付きを得た上で当該新規事業を遂行する」といった，経営者による公共政策法務実施の意思決定に関する戦略法務が行われる。

(3)　戦略法務を実施するために

(a)　2つのポイントに応じた資質

　戦略法務の実施に際しては，前記（(1)参照）の2つの問題意識に応じたそれぞれの資質が必要である。

　まず，法律の専門性に基づきプラスの価値をもたらすという戦略法務の実現のためには，そのようなプラスの価値を見出し，アドバイスできる能力が必要である。例えば，法改正が新たな事業機会をもたらすということを見出す必要がある。しかし，それだけでは足りず，それが抽象的な機会に過ぎないのか，具体的に実現可能な機会なのかを分析してアドバイスをできるようにすることが必要である[2]。ここでは，特定の法改正によって，これまでよりも特定の事業が一般的にやりやすくなるとしても，それが具体的な「その依頼者」にとってポジティブな機会となり得るのか見究めることが重要である[3]。

　次に，経営者のアドバイザーとなるためには，経営そのものの専

---

[2]　これを法改正を待って受動的に行うのではなく，将来もし特定の法改正がなされればビジネス機会が広がるだろう，としてこれを能動的に行うのが公共政策法務である。

[3]　もしかすると，その法改正が競合他社の参入への呼び水になって，その市場が「レッドオーシャン」となり，むしろ事業がやりにくくなるかもしれない。

門家でなくても構わないものの，経営者の言語を用いて語る必要がある。すなわち，経営者は経営実務の用語[4] を用いて話す。そして経営者の多くは，法律用語を知らない。そこで，これまで弁護士が法務担当者とコミュニケーションする際に用いていた法律家の言葉をひとまず忘れ，経営者の言葉で語り合う必要があるし，経営者の言葉を注釈や翻訳なく理解できる必要がある（第 9 章 Column 参照）。

(b)　その他の資質——実現能力

　戦略だけは立てるものの，その後の実行は自分ではやらず，他の事務所の弁護士に任せるというスタンスを取るのは時に無責任に見えることがある[5]。もちろん，「この部分は社内の法務部門がやります」と言われることも十分にあり得るが，少なくとも依頼者から「戦略を立てた以上はこの実現をお願いします」と言われた場合に「できません」と言えないようにすべきであろう。その場合，前記（(2)参照）のとおり公共政策法務等を含む様々な他の法務活動を総合した対応を行い，戦略の実現に向けて奮闘する必要がある。

(4)　知財戦略

　総論の最後に，知財戦略について説明したい。知財部門は早期に経営戦略との整合性や知財を利用した収益増大について注目し，知財戦略を司っている。そこで知財弁護士はこのような知財戦略に関するアドバイスを行うこともある。この点は『キャリアデザインのための企業法務入門』第 7 章[6] を参照してほしい。

---

4)　必ずしも経営学の専門用語ではないが，共通するものは多い。
5)　同じ事務所内のチームの役割分担の結果として別のチームが対応するということはあるだろう。
6)　松尾剛行『キャリアデザインのための企業法務入門』114 頁以下。

3　経営戦略と法務活動

(1)　はじめに

　経営者は様々な経営戦略を立案・遂行している。そこで，戦略法務は経営者の数だけ存在してもおかしくない。

　例えば，筆者はリーガルテック企業の経営者である理事のみなさんと共に公共政策活動を行うため，2022 年に AI・契約レビューテクノロジー協会代表理事に就任した。これはあまり典型的ではないかもしれないが，各企業の戦略と密接に関連した戦略法務の 1 つであろう。

(2)　事業進出・撤退に関する経営者へのアドバイス

(a)　具体例

> 事例 1：A 社は社運をかけて web3 を含むメタバース事業に進出しようとし，弁護士にアドバイスを求める。
> 事例 2：A 社はメタバース事業から撤退しようとし，弁護士にアドバイスを求める。

　事例 1 のような新規事業参入には，法律が関係する可能性が高い。例えば業法による許認可規制である（第 8 章参照）。弁護士は法律に関する専門知識を活かしたビジネスモデル設計等をアドバイスする。例えば，資金決済法の問題や，メタバース上でのユーザーの行為を規制する利用規約やアーキテクチャによる手当等である[7]。

---

7)　メタバースを含むサイバネティックアバターに関する法律問題につき，松尾剛行「〈連載〉サイバネティック・アバターの法律問題」（https://www.icr.co.jp/newsletter/wtr409-20230427-keiomatsuo.html）（2023 年〜），清水音

また，事例 2 でも，いかに出血を最小限に留め，迅速に撤退する
かを考える上で，法的な検討が必要である。例えばメタバース事業
を行う子会社を 1 円で譲渡することが最適であるなどとアドバイス
すべき場合もあるだろう。

スキームのアドバイスは提携や M&A に関するアドバイスを含
むことから，後記（(4)）も参照してほしい。

(b)　通常の予防法務や紛争解決法務との相違点

読者の中には，事例 1 なら普通の予防法務において行う許認可規
制リスクに対する対応と何が違うか，また，事例 2 では紛争解決法
務で行うトラブル発生時の対応と何が違うのかという疑問を持つ方
もいるかもしれない。

しかし，まさに経営者が経営戦略を立てる際に弁護士がアドバイ
スをするという点で，個別の戦略実現のための各案件の対応とは異
なるということができるだろう。具体的に言えば，事例 1 において，
メタバース事業にそもそも参入すべきか，現在の法制度（例えばス
テーブルコイン等に関する改正資金決済法が 2023 年 6 月に施行された
こと）と今後の法制度の変化の可能性（例えば不競法等の 2023 年改
正）など，戦略レベルの判断に影響する限りでの「ビックピクチャ
ー」を描き出し，経営判断を求めることが重要という意味で，個別
案件対応とは異なっているのである。

(c)　実務上の留意点

まず，単なる現行法の解釈・適用という法律の世界ではなく，そ
こから一歩踏み込んだ，経営戦略の世界にまでつなげる必要がある。

輝＝荒巻陽佑『スマートコントラクトの仕組みと法律』（中央経済社，2023
年）やプリマヴェラ・デ・フィリッピ＝アーロン・ライト著，片桐直人編訳
『ブロックチェーンと法──〈暗号の法〉がもたらすコードの支配』（弘文堂，
2020 年）も参照。

例えば，今年は技術開発を行い3年後に本格的にビジネスを花開かせたいという場合，アドバイスする時点での法制度がどうかというよりは，3年後における「先行き」がどうなっているかの見通しが重要であり，そのようなアドバイスは，従来の法律家の業務の範囲を超えるかもしれないが，政府の審議会や与党における議論等を参照しながらアドバイスをしていくことになるだろう（第4章4(4)参照）。

　また，公共政策法務（第7章参照）に繋げることも有益であり，例えば，現時点における日本の規制動向が，世界全体の規制動向と比較して経営戦略上不利であれば，「web3時代において日本だけが置いてけぼりになってはならない！」として，自社に有利になるような規制改革を求めることは十分にあり得る。

(3)　国際戦略に関する経営者へのアドバイス

(a)　具体例

> 事例1：依頼者Bは5年後のアジア戦略を検討することとし，営業部門や流通部門，保守部門だけではなく法務部からもアジア戦略に有益な情報を求めた。法務部門は弁護士に相談する。
> 事例2：依頼者Bは，アジア某国の複数の子会社が軒並み経営不振の連続であることから，某国からの撤退時期や方法を検討することとし，弁護士にアドバイスを求める。

　事例1では，海外戦略を様々な観点で考え，販売・流通・保守等を踏まえて「売れるところにモノをスムーズに運んで，アフターケアを行う」というビジネスモデルを作ろうとするのだろう。その際には各国の法制の理解が必須であり，例えば各国の法制度の特色から見て想定するビジネスモデルに大きな影響があれば，モデル自体

の描き直しが必要となる。

　事例 2 では，撤退のために必要な現地の法制度や実務を踏まえた撤退戦略の策定が問題となる。その際には撤退と存続のメリット・デメリットの比較検討や，中間案 8) の提案等のエグゼクティブな判断に資する対応が期待されている。

(b)　通常の予防法務や紛争解決法務との相違点

　前記(2)の各事例でも通常の予防法務や紛争解決法務との類似性について指摘しているところ，こちらの事例 1 は，特定の国への進出プロジェクトの支援のみであれば予防法務である。しかし，よりエグゼクティブなアジア戦略の策定に必要な，比較的大きな法制度の分析が必要である点で，予防法務と異なる。

　また，事例 2 も，もし個別の子会社の撤退だけならばそれは一種の紛争解決法務であるが，複数の子会社の所在する某国そのものからの撤退について，例えば某国と日本の間の国際政治的な影響等も踏まえながら検討すべき場合があるという意味で，レベルが異なっている。

(c)　実務上の留意点

　事例 1 においては，弁護士は，例えば各国の弁護士事務所とのネットワークを使って，戦略の実現可能性（フィージビリティ）を検討する。この場合，国によっては現地弁護士が戦略法務の意義やそこで求められていることを理解していないことがあるため，日本の弁護士がまさに「取りまとめ役」として，舵取りをしていくことになる。

　事例 2 も，某国法との関係が問題となるが，例えば，地方を挙げての反対運動や国レベルの翻意に向けた動きの中で，様々な法的ツ

---

　8)　例えば，他の会社に出資してもらい，リスクを減らすなどである。

ールが利用（悪用？）される可能性もある。単に会社法，投資法，労働法，税法その他の現地法の文言がどうであるかではなく，それが撤退の阻止に向けてどのように利用され得るかを想定することの方が重要である。

この点については，国際法務の章（第10章）も参照してほしい。

(4) 事業提携・M&A に関する経営者へのアドバイス 9)

(a) 具体例

> 事例1：(2)の事例1（A 社のメタバース事業進出）で，メタバースが得意だという甲社と協力することとした。
> 事例2：(3)の事例1（B 社のアジア戦略検討）に基づくアジア戦略策定の結果，アジアに強い乙社と協力をすることとした。

弁護士は，例えば甲乙との協力の具体的方法について，実務上あり得る複数のスキームを示して，それぞれのメリットとデメリットを明示する。例えば，事例1であれば，A 社と甲社の間で業務提携契約を締結するという対応があるだろう。また，事例2においてB 社が乙社と資本業務提携を結び，乙社の株式を一部引き受けるといった対応もあるかもしれない。さらには，事例1で，A 社が甲社を子会社化することでメタバース事業を優位に進めるといった対応もあり得るだろう。ここでは，まさにその「協力」を通じてどのような経営戦略を実現したいのかという点に即して，どの手法を選択するかが決まるだろう。そして，プロジェクトを進めることになれば，例えば DD（デューディリジェンス）を行って関連する契約を締結することが考えられる。

---

9) 松尾剛行『キャリアデザインのための企業法務入門』161 頁以下参照。

(b)　通常の予防法務や紛争解決法務との相違点

　上記事例においても，例えば業務提携契約や株式譲渡契約のレビューといった予防法務（契約法務）と類似する側面はあるものの，大きな戦略的な動きに関する経営者の意思決定のサポートであるという点で，通常の予防法務とは相違する。

(c)　実務上の留意点

　例えば合併した後で，その会社が問題ある会社だと判明すれば大変なことになる。その意味で，事業提携や M&A は，大きな戦略上のメリットが期待できると同時に大きなリスクももたらし得る。そして，一口に提携や M&A といっても具体的な内容次第でリスクは大きく異なる。そのため，包括承継たる合併を選ぶか，特定承継たる事業譲渡を選ぶか等の選択し得るメニューの知識のみならず，具体的な状況が法的にどのような意味を持つか [10] を踏まえたリスク判断が重要である。

4　ガバナンスと機関法務

(1)　内部統制の問題

(a)　内容と具体例

　内部統制 [11] は，会社法上の，リスク管理のため経営者が確立することが求められる体制であり，主に従業員の不正を防止することを目的とする。

---

10)　例えば，買収相手の法令違反が既に DD で判明しているにもかかわらず，単に売主に概括的に「法令違反がない」ことについて表明保証させたに留まることが，法的にどのような意味を持つかといったことである。この点については金田繁「表明保証をめぐる裁判例の総整理と一考察」金融法務事情 2183 号（2022 年）60 頁以下も参照のこと。

11)　松尾剛行『キャリアデザインのための企業法務入門』174 頁を参照。

　例えば，社内規程，内部承認（稟議）制度，チェック体制（内部監査）等が挙げられる。

(b)　弁護士の関わり方

　弁護士は様々な形で関与する。まずは制度設計であり，個別の規程の文言というよりは，その前提たる大きな制度をどうするかアドバイスをする。また，具体的なリスクとして経営者が懸念する事項をどのようにコントロールするかもアドバイスする。その上で具体的な規程類等のアウトプットを作成・レビューする。

　また，法改正，事業の拡大によるリスクの変化，そして残念ながら不正が発生した場合の再発防止策（第5章4(6)参照）として，どのように内部統制制度をアップデートするかも重要である。

(2)　ガバナンスの問題

(a)　内容と具体例

　ガバナンス[12]は，経営者不正や不適切な経営判断防止のための，経営者の行動の統制のことである。

　例えば，社長のみで決定できる事項の限定[13]や，独立役員や監査役会による監督，内部通報制度の導入等が挙げられる。

(b)　弁護士の関わり方

　ガバナンスは内部統制と類似するが，主に経営者に牽制を効かせるための体制構築のため，体制の方向性の相談，体制構築（規程類整備等）などが任務になる。

　単に素晴らしい規程（第4章3(2)参照）を整えても，その制度が実際に機能するものでなければ，「仏作って魂入れず」となりかね

---

12)　松尾剛行『キャリアデザインのための企業法務入門』174頁を参照。
13)　一定以上重要な事項は取締役会で決定しなければならないとするなどが考えられる。

ない。例えば，監査役会が「お飾り」にならないためには，監査役会事務局のスタッフに能力のある人が入ってサポートするなど，実効性を確保する必要がある。企業法務弁護士としても，そのようなあるべき体制について助言すべきである。

(3)　取締役会サポート

(a)　内容と具体例

取締役会やその委員会のサポートをする。例えば報酬委員会が報酬を決定する際において，もちろん実質的な部分は社内で検討するのだろうが，法的な方向性や社会の趨勢を踏まえたアドバイスは弁護士の仕事である。また，いわゆる取締役会事務局において上がってくる各議案のチェックをするところ，内容に法的な問題がないか法務部門が外部事務所の確認が必要と考えれば，そこで弁護士が関与することになる。具体的には，アドバイスを求めたり，意見書の作成を依頼したりする。

(b)　弁護士の関わり方

基本的には，取締役会や各委員会の事務局からの依頼を受け，その会社のために提供する法律サービスの一環として関わることが多い。その際は単に経営判断原則上（ギリギリ）取締役が責任を免れられるかという点に留まらず，「社会から見てそれがどう見えるか」という部分にまで留意が必要だろう。その観点からは，代表訴訟で争われてもギリギリ勝てるとは思われるものの，やめた方がよいのではないかといったアドバイスをすべき場合もあるだろう。

なお，この類型でやや特殊なのは，独立役員等の一部の取締役から依頼を受けて調査をしたり意見を述べたりするという場合であり，その場合は通常よりも一段と独立性に留意することが必要である[14]。

⑷　株主総会サポート

⒜　内容と具体例

招集通知を含む総会関連書類や QA の作成，当日の質問に対応する QA の選別や対応メモの送付等が挙げられる。

⒝　弁護士の関わり方

株主総会については，総務部門や証券代行等が大きな役割を果たすし，総会関連書類のうち財務関係には弁護士は関与しないことが多い。

多くの場合は粛々と進められる。ただ，毎年どの会社でも問題となるようなトピックおよびその会社特有のトピックがあり，その時その時の最新の状況に基づく書類作成対応や QA 対応をしていく。

これに対し，委任状勧誘合戦等のいわゆる「有事」には，議長に対するレクチャーを行った上で，全体が適法に行われるように，より精力的なサポートが必要となる。例えば，議決権行使書と委任状の関係，事前議決権行使者が当日出席した場合等の法的な問題について検討した上で，それに基づき，会社の対応が株主の誤解を招かないよう指導することも重要である 15)。

---

14)　例えば取締役会で疑義が呈され，まずは社内の担当者から一定の説明がなされたものの，独立役員が未だに疑義は解消されておらず，独立した弁護士の意見を得るべきとして依頼する場合や，MBO 等で独立役員の判断をサポートする場合が挙げられる。

15)　例えば，事前に議決権行使書を提出した株主が当日出席した場合について，株主に当日議決権を行使しなければ無効とみなされる可能性があるとして議決権行使を促す等があるだろう。なお，最決令和 3・12・14 資料版商事法務 454 号 101 頁（関西スーパー事件）等の判例・裁判例に基づく対応が必要であり，リサーチが必要なことについては第 4 章 4 参照。

⑸　ホットライン

⒜　内容と具体例

公益通報者保護法を背景として，各社はホットライン制度を制定運営し，コンプライアンス違反について社内の窓口および社外の窓口に通報をすることができるようにしている。ここでは公益通報者保護法が最低ラインを定めており，ホットライン制度としては，公益通報者保護法として要求されるレベルを上回るものを構築することが多いことが指摘できる。例えば，上司の性的言動がセクシャルハラスメントだ，というだけでは直ちに公益通報者保護法の通報対象事実にはならないものの，社内規程に基づくホットライン制度においてはそれも含めて広く通報対象事実とするなどである。とはいえ，公益通報者保護法改正によって情報漏洩に対する刑事罰等（21条・12条），公益通報者保護法対象事実の場合の規制が厳しくなったことから，公益通報者保護法の規律に従う場合（例えば，会社による犯罪行為について通報があった場合）か，それ以外の場合（例えば，上司が暴言を吐いたとして通報があった場合）かで規律を変えることも増えている。

そのような中，内部で通報を受け付けるのみならず，外部の，独立した法律事務所が受け付けることの意義が高まっているとされている。

⒝　弁護士の関わり方

外部窓口業務を行う弁護士は，通報の受理をし，匿名性を確保して会社に通報内容を伝え，必要に応じて調査過程でのコミュニケーションを行う。例えば，制度案内等を行う。

とはいえ，外部窓口の弁護士は決して通報者の弁護士ではない。例えば，「私は談合の現場に立ち会いました」という通報がある場合に，外部窓口業務を行う弁護士は，あくまでも，その通報を踏ま

えてコンプライアンス委員会やその事務局への調査を依頼すること
を職責とするに過ぎない。仮に通報者からそのように依頼された場
合であっても，例えば「談合を主導したのは上司の甲であり，自分
は甲に言われて立ち会っただけである。全面協力して会社がリニエ
ンシーを申請できるようにするので，その代わりに懲戒等はせず，
自分を免責してくれ」といった通報者を代弁するような交渉をする
べきではない。このような交渉を弁護士に依頼して行いたいのであ
れば，通報者が別途自らの弁護士に依頼して対応するべきだからで
ある。

(6) 社外役員の仕事

(a) 内容と具体例

役員は社内と社外に二分することができる。上場企業では会社法
上社外取締役の設置が要請されており（会社法 327 条の 2），東証の
ルール上は単なる社外役員が就任していることで足りるのではなく，
「独立」社外役員が必要である。他社の経営経験がある経営者，会
計士，大学教授等も社外役員の候補であるが，弁護士もまたその候
補である。

(b) 弁護士の関わり方

社外役員に就任すれば月に 1 度程度の取締役会等に参加すること
になるところ，単に参加すればよいのではなく，意見を述べること
がその役割である。意見の内容としても，単に YES ということが
求められているのではなく，反対すべきものや再考を促すべきもの
には NO というべきである。そこで，何が反対すべきものや再考
を促すべきものか吟味することが必要であり，だからこそ，事前に
資料を送ってもらって確認することが重要である。そして，それを
基に「この点について疑義があるので，取締役会前，または取締役

会の場でこの点について説明をしてもらいたい，疑義が解消しなければ反対せざるを得ない」として説明を求めるなどのコミュニケーションが重要である。

＞POINT＜

- ▶ 戦略法務は，法律に基づきプラスを増やすリスク管理や，直接経営者のサポートを行う活動のことをいう。
- ▶ 戦略法務を行うには，事業理解を前提に法制度からビジネスの機会を見出す能力，経営者に伝わる説明をする表現力に加え，自ら戦略を実行する能力も必要となる。
- ▶ 経営戦略に対するアドバイスは，全社的な戦略レベルにおける経営者の意思決定支援であるから，経営戦略の世界につながるような，法制度の変化や国毎の法制度の差異といったビッグピクチャーの分析が必要となる。
- ▶ 機関法務では，内部統制やガバナンスの設計により，社員や経営者を牽制する必要がある。取締役会や株主総会のサポートを通じて法的リスクを回避することや，ホットラインの受付，社外役員としての役割も期待される。

▶Column　交渉の難しさ

　弁護士になって，契約交渉や，トラブルになってからの交渉，そして裁判上の和解に向けた交渉等の様々な場を経験してきた。同じ類型の交渉経験を集中的に積むことができる事務所であれば，例えば交通事故の被害者側のみに集中して交渉することで，保険会社ごとにどのように説明するとよりよい結果が得られやすいかなどの勘所を早期に獲得でき，前の案件の知見を次の案件につなげることができるかもしれない。しかし，筆者が入所した（そして現在も所属している）ような企業法務全般を取り扱う事務所の場合，まさにそれぞれの案件ごとに個性，ないしは特殊性がある。その結果として，その事案の固有の事情を踏まえた手を

打ってこそよい解決ができるという意味での，事案の特殊性への対応が重要となる。その意味では，一つ一つの交渉案件の経験を経て，「その案件」についての対応方法を学ぶことができても，それが必ずしも次の交渉案件におけるよりよい対応につながるとは限らない，ということが悩ましいところである。

筆者は，たくさんの種類のカードをいわば「切り札」として手元に持つというイメージを提唱している。すなわち，各案件の経験を踏まえて，「ある特定の状況ではこのような対応が有用だ」という切り札を得ることができる。その切り札は，まさにそれぞれの切り札に対応する状況において切ることで初めて役に立つ。そのため，数件の経験を踏まえ，1枚や2枚の切り札を手元に持っているだけではあまり有用性がない。しかし，長年の経験を踏まえ，数十枚の切り札を獲得できれば，大抵の案件ではそれらをうまく利用して交渉できるようになるだろう。

第7章 公共政策法務

1 公共政策法務のポイント

　従来は，リーガルリサーチの結果，（ビジネスモデルを多少変えたとしても目的を実現することが）「無理」となれば，残念ながら当該取引を実施することを諦めるしかなかった。ところが近年，法律や規制を変えてそれを適法にする法務活動である公共政策法務がますます重要性を増している。このような公共政策法務を行うことで，これまで不可能としてビジネスを止めざるを得なかった場合についても，ビジネスを前に進められる可能性がある。経済産業省の「国際競争力強化に向けた日本企業の法務機能の在り方研究会　報告書」においても「クリエーション機能」「ルールメイキング」として取り上げられている[1]。

> 事例：A社（依頼者）はリーガルテック，すなわち弁護士や企業の法務部門が利用する IT サービスを提供する企業である。A社は AI を利用して法律関係の質問に回答するソフトウェアを開発したが，その技術があまりにも優れているため，素人目には「AI弁護士」が登場したかのようにも見える。そこで，社内では，一部では弁護士と同じサービスを弁護士ではない会社（A社）が提供しているとみ

---

1)　経済産業省「国際競争力強化に向けた日本企業の法務機能の在り方研究会　報告書〜令和時代に必要な法務機能・法務人材とは〜」（https://www.meti.go.jp/shingikai/economy/homu_kino/pdf/20191119_report.pdf）。

なされるのではないか，という懸念が表明された。実際にはＡ社のサービスは弁護士と同様のものではないことから，Ａ社は弁護士法に関する疑義が存在しない形でこのサービスを提供したい。

　本章では，読者の方々に具体的な状況を踏まえて理解を深めていただきたいという趣旨で，上記の仮想事例を念頭に置く。なお，本事例設定の背景には，契約関連業務を支援するソフトウェアの弁護士法上の適法性に関し，①2022年11月11日の規制改革推進会議第2回「スタートアップ・イノベーションワーキング・グループ」における議論[2]において法務省からいわば「シロ判定」を受け[3]，②2023年6月に「規制改革推進に関する答申」[4]の中で，法務省がガイドラインを作成・公表することとなり（同21頁），③同年8月1日にいわゆる法務省ガイドラインが公表[5]され，契約業務支援に関するリーガルテックが提供するサービスについてそのうちのかなり広い範囲が適法であることが明確になった[6]という一連の経緯がある（筆者はリーガルテック業界団体の代表者〔AI・契約レビューテクノロジー協会代表理事〕として関与した）。もっとも，以下

---

2)　参考資料（https://www8.cao.go.jp/kisei-kaikaku/kisei/meeting/wg/2210_01 startup/221111/startup02_agenda.html）および議事録（https://www8.cao.go. jp/kisei-kaikaku/kisei/meeting/wg/2210_01startup/221111/startup02_minutes. pdf）参照。

3)　松尾剛行「リーガルテックと弁護士法——規制改革推進会議議事録公開を踏まえて」NBL 1234号（2023年）70頁。

4)　https://www8.cao.go.jp/kisei-kaikaku/kisei/publication/opinion/230601.pdf

5)　「AI等を用いた契約書等関連業務支援サービスの提供と弁護士法第72条との関係について」（https://www.moj.go.jp/content/001400675.pdf）

6)　松尾剛行「リーガルテックを適法化した『法務省ガイドライン』が法律実務に及ぼす影響——『AI等を用いた契約書等関連業務支援サービスの提供と弁護士法第72条との関係について』の公表を受けて」NBL 1249号（2023年）37頁。

ではこのような現実の具体的な事案ではなく，類似しているものの
これとは異なる上記の仮想事例を検討していくこととする7)。

　本事例において，A社としては予防法務（第2章・第3章参照）
や戦略法務（第5章参照）として，今後の経営戦略上の重要ビジネ
スとなり得る新しい質問回答サービスについて，事前に長期的リス
クを管理するための予防的措置としてどのような対応を講じていく
かを考えることになる。1つの方法は企業法務弁護士に意見書（第
4章2参照）を書いてもらうことであろう。これによって，新サー
ビスの法的位置付けが明確になり，それをもって目的を達成するこ
とができるという場合もある。

　しかし，具体的な状況の下においては，これらの対応ではグレー
なままで，そのグレーの色の濃さによっては，リスクを取ってビジ
ネスを前に進める（前記事例でいえば，質問回答サービスの提供を開
始する）という判断に至ることができない場合もある。

　そのような場合において，例えば法務省等にA社の新サービス
を含むプロダクトが適法だという旨の見解（「お墨付き」）をもらう
とか，場合によっては将来的な弁護士法改正の可能性を探るといっ
た方法で，従来の企業法務の対応の範囲では止めざるを得なかった
新サービスを前進させることができる。

　このように，公共政策法務は従来の法務対応ではできなかったこ
とを実現することが可能となり得る魅力的で，かつ，新しい分野で
あるところ，むしろ新しい分野だからこそ，知識と経験がものをい
うといえる。すなわち，公共政策法務業務を行う弁護士は，公共政
策法務対応メニュー（2(3)参照）のいずれであっても対応できる能
力を身に付けた上で，その事案でそれらの選択肢のうちから，どれ

---

7)　そのため，本書の他の部分と同様，筆者の経験に基づく記載は含まれて
　　いても守秘義務を負う情報等は含まれていない。

を選び，具体的にどう対応するかを適切に判断し，実践することが必要である。上記事例においては，法務省等から適法という見解をもらうにせよ，弁護士法を変えるにせよ，多くのステークホルダーと対話し，反対意見を持つ人を説得していかなければならない。そのような能力は一朝一夕で身につくものではなく，経験がものをいう部分が大きい。そこで，新人弁護士は，主に実務における OJTを通じて，パートナーから知識と経験を吸収すべきである [8]。

2　公共政策法務の概観

(1)　はじめに

　既に『キャリアデザインのための企業法務入門』第 12 章 [9] で公共政策法務について詳述しているが，そこで述べた内容をかなり圧縮した上で，冒頭の事例に即して述べると以下のようになるだろう。

(2)　公共政策活動の目的

　冒頭の事例において，法務省等のお墨付きを得る活動や，将来的な弁護士法改正の可能性を探るといった公共政策法務対応を A 社が実施する動機は，「私益」である。すなわち，新サービスを市場に投入し，長期的にリスクがコントロールされた形で利益を獲得し続けたいという動機は否定できない。しかし，公共政策活動において「自社が儲けたいので法務省のお墨付きを得たい」とだけ説明するのであれば，それを受け容れて汗をかいてくれる人はいないだろ

---

8)　筆者は 2023 年時点で学習院大学法学部の「公共政策法務入門」の講義を担当しており，いつかこの講義レジュメを基に書籍を出版し，Off-JT に少しでも役に立ててほしいと構想している。

9)　松尾剛行『キャリアデザインのための企業法務入門』192 頁以下を参照。

う。だからこそ，対外的説明としては，「社会にとって有益なサービスを安心して提供できるような法的環境を整備すべきである」などとして，当該公共政策上の対応がいかに公益に役に立つかを述べ，周囲を説得する必要がある[10]。

　ここで重要なのは，その対外的説明がいわば「二枚舌」のような，単なる形だけのものであってはならないということである。例えば，冒頭の事例において，A 社が本当は自社の利益のことしか考えていないのにもかかわらず，もっともらしく，「質問回答サービスが可能となれば社会のためになる」と述べたとしても意味がない。当然のことながら，ステークホルダーからは「具体的にどのように社会のためになるのか」などと指弾されるだろう。そこで，社会やそのサービスを利用するユーザーの目線に立ち，これらのステークホルダーの立場からみて納得のいく説明を考えなければならないし，そのような本当の意味での公益への貢献がない話であれば，パワー・オブ・サブスタンス[11]，つまり提案の中身の説得力がないとされ，なかなか公共政策活動を前に進めることができないだろう。

(3)　公共政策上の選択肢

　公共政策過程を動かして何を行い上記の目的を実現するかについては，主に以下の選択肢が挙げられるだろう[12]。

・規制改革——新規立法，法改正を含む規制改革を行う

---

10)　松尾剛行『キャリアデザインのための企業法務入門』204 頁参照。
11)　藤井康次郎ほか「〈鼎談〉弁護士とロビイング——立法過程における影響とその役割」ジュリスト 1521 号（2018 年）58 頁［藤井発言］。松尾剛行『キャリアデザインのための企業法務入門』210-211 頁も参照。
12)　松尾剛行『キャリアデザインのための企業法務入門』198 頁以下参照。

> ・自主規制・共同規制——例えば業界団体でガイドラインを策定する
> ・「お墨付き」をもらう——例えばグレーゾーン解消制度で所轄官庁の公式見解を得る
> ・試行——例えば規制のサンドボックス制度を活用する
> ・訴訟——例えば公共政策訴訟（3(2)参照）
> ・アーキテクチャ 13)

　冒頭の事例では，法務省等のお墨付きをもらうなどといった方策が考えられるが，法律相談サービスに関する業界団体を設立してガイドラインを策定したり，適法に試行を行い，その結果を踏まえて社会のためになることを説得したりすることも考えられる。

3　公共政策への具体的な関与方法と留意点

(1)　はじめに

　まず最初に，読者のみなさんががっかりするかもしれない真実を述べよう。残念ながら，公共政策過程において，弁護士が単独で果たすことができる役割は相対的に小さいと言わざるを得ない。現実には政治家，公務員，そして公共政策コンサルタントの果たす役割が大きく，最近では，社内の法務担当者や公共政策担当者もますます公共政策法務の分野において活躍している。このように，相対的には事務所所属の企業法務弁護士が独力でできることには大きな限界があることは事実である。もっとも，やはり弁護士の法律に関する能力を生かし，その役割を果たすことで，よりよく公共政策過程を動かすことができる場合があることは間違いない。

　というのも，多くの公共政策は法律に関係するからである。特に

---

13)　成原慧『表現の自由とアーキテクチャ』（勁草書房，2016 年）参照。

公共政策法務という企業の法務活動の一環として行われている以上，法律と何も関係しないことは想定できない。そして，企業法務弁護士こそ，法律の専門家としてその公共政策活動の中において法律の専門性を発揮することができるのである。

　例えば冒頭の事例においても，単に「外国における同業他社とのイコールフッティング（同様の競争環境であるべき）という観点」「弁護士業界，企業の法務部門，そしてひいては社会に及ぼす肯定的なインパクト」といった政策論的，立法論的な部分が，各ステークホルダーを説得する上で重要であることは否定できない。しかし，弁護士法の解釈論としてなぜ A 社の質問回答サービスであればそれを適法といってよいのかという点について，過去の先例等を踏まえた説得的な法解釈が展開できなければ，少なくとも法務省等から「お墨付き」を得る上では全く相手にされないだろう（つまり，解釈論と解離した議論なのであれば，法改正をすべきという結論となり，現行法の解釈としては通用しないと受け止められる）。だからこそ，企業法務弁護士がその法律の専門性を生かして活躍できる余地が大きいのである。

⑵　公共政策訴訟

　弁護士としての伝統的な公共政策への関与といえば，公共政策訴訟である。いわゆる公共政策課題に関して，訴訟を通じて問題提起を行い，可能であれば判決で適切な対応をすべきことを明示させ，それができなくても，訴訟を契機とした社会運動によって政治に働きかけて法令や実務を変えていくことを目指す。司法は人権の最後の砦であり，とりわけ少数派の人権が侵害される場合，裁判手続での是正を目指すとともに，その問題を世に問うことは，世の中をよい方向に変えていく上で重要である。

　従来は「手弁当」で有志が参加するといった弁護団型の公共政策
訴訟も多かったが，近時ではクラウドファンディングを利用し，費
用をまかなうと同時に，世の中により有効に訴えかけるといった方
法がポピュラーになってきている[14]。

(3)　行政対応

　弁護士は，依頼者の行政対応のアドバイスや，依頼者を代理して
の行政対応を行う。この点については第8章を参照されたい。

　この行政対応のうち，公共政策法務という観点から重要なものは
戦略法務（第6章参照）でも実施されることがある，「お墨付き」
をもらう活動である。例えば，経営戦略上どうしても実現したい新
規事業が，従前から存在するライセンス制度[15]を定める法令との
関係で「グレー」だとしよう。この場合に弁護士がライセンス制度
の適用要件を検討して，ライセンス不要という意見書（第4章2参
照）を提出し，ライセンスを取得せずに進めることは1つの考えで
ある。しかし，ライセンスを取得することの負担が軽ければ，グレ
ーでも「あえてライセンスを取得することで行政の『お墨付き』を
得る」という方法も考えられる。このような「お墨付き」の取得に
は様々な方法があり，代理人としてグレーゾーン解消制度等を利用
してよい回答を獲得することも重要な公共政策法務対応である。

　冒頭の事例では，弁護士法人ではないA社として現行法に基づ
き弁護士法上のライセンスを取得することができないことから，

---

14)　ただし，その際の説明方法が特定の者への名誉毀損等にならないよう十
　　二分に留意すべきである。記者会見と名誉毀損について，松尾剛行「ウェブ
　　連載版『最新判例にみるインターネット上の名誉毀損の理論と実務』第44
　　回」（https://keisobiblio.com/2023/07/21/matsuo44/）を参照。
15)　ここでは広い意味であり，許可制・免許制だけではなく，届出制等も含
　　む。

「あえてライセンスを取得する」ということは選択肢にはならない。そこで，グレーゾーン解消制度等の利用が考えられる。しかし，そのような方法でうまくいかない場合には，様々な形で社会や政府そして各ステークホルダーに働きかけて「お墨付き」を得る必要があるだろう。臨床法務（第 5 章参照）との関係では，行政から違法性を指摘されており，交渉が決裂すれば公共政策訴訟を提起せざるを得ないものの，訴訟という枠組みではよい結果が得られにくい事案について，行政との交渉を通じて訴訟外での解決を図ることなども，弁護士の重要な公共政策法務である。この点は，第 5 章 4 (8)(b)および第 8 章 4 を参照のこと。

(4)　戦略策定を含む，公共政策コンサルタントに対する法的観点からの支援

　筆者が公共政策に関与するようになったきっかけは，弁護士登録直後にとある公共政策コンサルタントの方から支援を求められたことである。公共政策コンサルタントは，公共政策対応の戦略を策定し，具体的に誰がどう実行するかという役割分担を考え，当該分担に基づき果たすべき役割，例えば政治家や官僚その他のキーパーソンへのアプローチ等を実行していく。そして，公共政策コンサルタントの行う公共政策対応は必然的に法律に関係する。例えば，ある法令の改正を行うという場合，具体的にその法令のためにどの範囲のビジネスが阻害されているかや，そのビジネスを適法に行うにはどのような改正 16) が必要かを検討することは，まさに法律の専門家である我々の一番得意とすることである。弁護士として法令リサーチ等を行って，公共政策コンサルタントの役に立つことは重

---

16)　どの法律のどの条文をどのような文言に修正することが必要であるかといったことである。

要な公共政策法務対応である。その他，業界団体設立時の設立支援
等，企業法務弁護士がその法律に関する専門知識を生かして支援で
きる事項は非常に多い。

これらの支援の内容は，「依頼者が公共政策コンサルタントに依
頼し，公共政策コンサルタントから弁護士に依頼する」場合であっ
ても，「依頼者が直接弁護士に依頼する」場合であってもあまり変
わらない。そこで，依頼者が直接弁護士に依頼する場合には，弁護
士だけの対応では足りず，公共政策コンサルタントの支援を得るべ
き場合が多いことから（(1)参照），依頼者が公共政策コンサルタン
トに関する人脈を有しない場合，弁護士の方で適切な公共政策コン
サルタントを紹介すべき場合もあるだろう。

冒頭の事例においては，弁護士法のリサーチを踏まえ，具体的な
Ａ社の質問回答サービスの内容や今後の発展に関する予定等を総
合勘案し[17]，企業法務弁護士は，目標設定として，お墨付きを選
ぶか，それとも法改正を選ぶかについてコメントをする。このよう
な弁護士の意見は，公共政策コンサルタントによる戦略策定におい
ても重要な役割を果たす。

(5) 意見書作成

グレーゾーン解消制度は公共政策の１つの重要なツールである。
すなわち，経済産業省が間に入って所轄官庁と協議し，違法か適法
かが不明確な，「グレー」な部分について所轄官庁の意見を取得し
てもらうことができる。しかし，「丸腰」で何の準備もせずに所轄

---

17) 例えば，2023 年段階のサービスであれば適法であるが，数年以内にどう
しても追加したい機能が明らかに現行の弁護士法に違反しているのであれば，
弁護士法改正を目標とすべきかもしれない。しかし，最終的に弁護士法改正
が目標であっても，当面は現時点のサービスについてお墨付きを得て，その
後に次の段階の活動として弁護士法改正を目指す選択もあり得る。

官庁にアプローチしてもいい結果が出ないことは火を見るより明らかである。所轄官庁の「背中を押す」ための説得的な意見書のドラフティングが，公共政策対応として重要である。

　例えば，冒頭の事例においても，特にお墨付きを得るのであれば，法務省その他のステークホルダーの説得の際に，企業法務弁護士の意見書は重要な役割を果たすかもしれない。

　なお，意見書をウェブサイト等で公表することで，世の中に対し適法であることを訴えかけるという方法もある。ただし，万が一にも不適切なビジネスについて弁護士が「お墨付き」を与えた，ということになれば問題になりかねないので，慎重な検討が必要である。この点は，第4章 2(3)(f)および(4)(b)を参照されたい。

(6)　審議会委員等

　政府，公的機関，協会・団体等の審議会や委員会等の活動に参加し，自らが委員や事務局メンバーとなったり，委員随行としてサポートしたり，会議に呼ばれて発表をしたりヒアリングを受けたりすることがある。その内容を踏まえて報告書等が作成され，それが法改正につながることがある[18]。

　この場合には，まずはそれがどのような趣旨の会合であり，そこで何を期待して自分に特定の役割を依頼しようとしているのかを理解すべきである。例えば報告書をドラフトしてほしい，特定の知見を教示してほしい，特定の立場から意見を述べてほしいなどである。ある程度シニアになると「委員長」のような役割を期待されること

---

18)　例えば，著作権法のライセンス当然対抗制度につながった文化庁委託事業「著作物等のライセンス契約に係る制度の在り方に関する調査研究報告書」(2018 年 3 月) (https://www.bunka.go.jp/tokei_hakusho_shuppan/tokei chosa/chosakuken/pdf/r1393032_04.pdf) 参照。

もある。その役割を果たすことが自分に相応しく，また自分として
コンフォタブルであれば積極的に受けるべきであろう 19)。

　なお，依頼者が中心となって，依頼者の公共政策課題実現のため
のガイドライン策定委員会等を立ち上げるような場合においては，
委員会の趣旨の決定，人選・スケジュール等の策定，説明資料のド
ラフト等の事務局のサポートをすることもある。

　冒頭のＡ社の事例でも，例えば企業法務弁護士が規制改革推進
会議等の政府の会議に招かれて発表をしたり，法律相談サービスに
関する業界団体のガイドライン策定委員会の立ち上げに関与して自
らが委員になることもあり得るだろう。

⑺　広報対応

　法改正等の機運を高めるため，世の中に対して依頼者が訴えかけ
るという広報対応をすることも多い。弁護士は，かかる広報対応の
支援として，例えば，プレスリリースの文言をチェックし，その中
に公共政策対応戦略の観点，法的観点またはコンプライアンス等の
観点から問題のある記載がないかを確認して修正提案をするなどの
業務を行う。また，記者会見での説明文やＱＡのドラフト，レビ
ューも行う。この点は，一定程度は危機管理（第５章４参照）の広
報対応とも共通するところがあるものの，公共政策法務の場合，前
向きな形で業界団体設立宣言や提言・ガイドラインの公表，シンポ
ジウムといった形をとることが多いのが特徴である。このように
「裏方」としてドラフトやレビューを行うことも多いものの，弁護
士自らが表に立って，論文を公表したり，シンポジウムで発言した
り，マスメディアの取材に応じたり，記者会見でスピーカーを務め

---

19)　ただし，一部の人が特定の期待を持って依頼しているが，他の人はそれ
　を好ましく思っていない場合などには大変な思いをするかもしれない。

たりすることもある。場合によっては，弁護士自身が業界団体の代表として公共政策活動を行うこともないわけではない。

　冒頭の事例においても，A社から相談を受けた企業法務弁護士が，策定された戦略（前記(4)参照）に基づく広報対応を支援することになる。

≫ POINT≪

▶ 公共政策法務は，従来の企業法務ではストップをかけざるを得なかったサービスに対し，法律や規制を変えることで適法に進められる可能性を生む，重要かつ新しい分野である。

▶ 公共政策法務を行うには，公共政策上の選択肢（規制改革，業界団体のガイドライン，グレーゾーン解消制度，サンドボックス制度，公共政策訴訟，アーキテクチャ設計等）についての知識や，ステークホルダーとの対話・反対意見を持つ者への説得といった経験が必要となる。

▶ 公共政策に関与する場合には，法律の専門性を活かして貢献できる場面を探しながら，官僚やコンサルタント等との連携・役割分担を意識しよう。

▶ 公共政策活動を進める上では，自社だけでなく社会にとっても有益な提案を行い，パワー・オブ・サブスタンスを作り上げることが重要である。

▶Column　複数の先輩弁護士の指導を受ける

　筆者の事務所には，3名のネーミングパートナーを含む約20人のパートナーが存在する。そして，新人弁護士は，特定のパートナーと固定的に仕事をするのではなく，案件ベースで複数のパートナーと仕事をする。このような業務形態のおかげで，筆者は新人時代，ネーミングパートナーを含む多くのパートナーと共に仕事をすることができた。

もちろん，1人の理想とするようなパートナー（ボス）と仕事をして，そのやり方を学んでいくやり方にもメリットがある。確かに，一度そのボスの仕事のやり方をマスターすれば，もう仕事の方法で悩まないという意味で魅力的ではある。

　しかし，筆者のような複数のパートナーとの仕事を通じた学び方には大きなメリットがあったと考える。それは，複数の方法を比較することができ，また，そのように複数の仕事のやり方が同時に成立し得るということを知ることができたということである。あるパートナーは新人に近い筆者に大幅な裁量を認めて，「責任は取る」として自由にやらせてくれた。それは大変緊張することであり，最終的な責任をパートナーが取ってくれるとしても，自分に期待をかけてくれたパートナーに迷惑をかけないよう一生懸命勉強し，また，要所ではパートナーに確認しながら仕事を進める必要があった。このような仕事のやり方は成長のための重要なプロセスの1つであるといえる。しかし，反対に，別のパートナーは新人の頃の筆者のドラフトを事細かく修正して，どのような内容が依頼者にとってもっと望ましいかを教えてくれた。このような仕事のやり方もまた，筆者の成長のための重要なやり方だったといえる。

　筆者としては，どちらか一方の指導方法が絶対的に正しいとは思わない。むしろ，そのような複数の方法を通じて大きく成長することができた。また，仕事のやり方の違いを知ることで，自分のスタイルを考えるきっかけにもなった。そこで，筆者としては，複数の先輩弁護士から指導を受けた経験が非常に役に立ったと考えている。

　なお，1人のパートナー（ボス）と固定的に仕事をする事務所でも，事務所事件・個人事件を問わず共同受任等を通じて，別の先輩弁護士の指導を受ける機会はあるだろう。

1　はじめに

　企業法務において主に対応する必要がある行政法は業法である。業法は特定の業種（例えば製薬やエネルギー）を規制するものである。そして，業種に関わりなく規制する法令も存在する[1]。

　典型的な行政規制には2つあり，その1つがそもそも特定の業務に従事したければ許認可を取るべきという規制である。もう1つが，特定の業務に従事する際の行為を規制するものである。

　そこで，予防法務（第3章・第4章参照）として許認可対応（2参照）と行為規制対応（3参照）に分ける。その上で，紛争解決法務（第5章参照）として，調査処分対応（4参照）と訴訟対応（5参照）について述べる。また，企業法務ではないが広い意味の組織法務には行政機関（行政組織）の法務も含むので，これについて述べる（6参照）。

2　許認可対応

(1)　許認可対応の具体例

　許認可対応と一口に言ってもあまりイメージがつかめないかもし

---

1)　例えば，景表法は表示や景品が関係するか否かを基準としており，業種を問わない。

れない。そこでいくつか例示をしたい。

> 事例１：フィンテック企業Ａは，自社の新規事業について資金決済
> 　法上の許認可が必要ではないかと弁護士に相談する。
> 事例２：リーガルテック企業Ｂは，自社のビジネスが弁護士法に違
> 　反しないか弁護士に相談する。

　許認可というのはここでは広い意味で用いており，弁護士ライセンス等も許認可に含む[2]。

(2)　許認可取得は単なる「手段」に過ぎないこと

　上記事例においても，まずは具体的な事業や取引を前提にどのように進めるかというところで許認可リスクが分析され，リスクの高低等を踏まえて，許認可取得をするかどうかを検討するということになる。要するに，目的としての事業や取引がまず先に来て，その次にその手段として許認可が問題となるに過ぎない。

　だからこそ，例えば取引のデザイン（第３章２参照）を工夫してそもそも許認可取得が不要なようにするとか，許認可を有している業者にも参加してもらって自社の許認可取得は不要にするなど，自社が許認可を取得しなくても長期的リスク管理が実現するのであれば，それでよいことが多いだろう。したがって，取引・事業内容の変更可能性，協力者の獲得の容易さ，許認可取得の容易さや取得後の行為規制等を詳細に検討した上で，法務担当者と協力（第２章２(3)参照）しながら対応を検討することになる。

---

　2)　そのため，行政法における講学上の許認可のことではないことには留意
　　されたい。

(3)　許認可を取得するための方法

　許認可については法律，政省令，通達等において要件が規定されている。依頼者が現時点でその要件を満たしているか確認し，足りない部分があればこれを補った上で，その旨が所轄官庁の許認可担当者にとっても容易に理解できるよう申請書類を作成して申請をすることになる3)。許認可の種類によってその要件の厳しさは異なっている。

　例えば，人的要件として，当該業務を適切に行うことができるよう，経験を持っている人を雇用していなければならないといった要件は典型的なものである。そのために，同じ業界で経験のある人を中途採用で獲得するなど，様々な努力が必要である。

　また，財務要件として，財務上の健全性が求められたり，保証金等を積むことが求められたりすることがある。許認可を有する業者の財政破綻等は大きな被害を生じさせる可能性があることから，そのような要件が課せられている。

　これら以外にも，それぞれのライセンスごとに異なるが，組織的要件，物的要件，場所的要件，（役員等に）欠格事由がないことなどの様々なものが求められる。

(4)　許認可を取得できないことがある

　許認可の要件がそもそも原理的に満たせないことがある。例えば，現行弁護士法は弁護士か弁護士法人でなければ弁護士法72条に規定するところのリーガルサービスの提供を許さない。そうすると株式会社がいくら頑張っても，現行法を前提とする限り弁護士法72条の規定する範囲の業務を実施する許認可を得ることができない。

---

　3)　実際には正式申請前に事前相談をすべき場合があるなど，具体的な許認可ごとに取扱いが異なる。

　そこまでいかなくても，要件一つ一つのハードルが高く，実務上満たすことは不可能ではないかもしれないが，非常に困難なものもある[4]。

　加えて，許認可については行政当局に裁量のあることが多いところ，裁量があることの意味は，許認可の要件を満たせるように事業者側で努力をしても，なお認めてもらえないことがあるということである。

　許認可対応においては，許認可を取得できない可能性を踏まえながら，依頼者の目的をどう実現するかという観点で対応を検討すべきである。

3　行為規制対応

(1)　行為規制対応の具体例

　行為規制についてもあまりイメージがつかめないかもしれない。ここでもいくつか例示をしたい。

> 事例1：製薬会社は製造される薬品に対し，厳しい品質管理を実施しなければならない。
> 事例2：広告会社が景表法遵守のための体制を構築しなければならない。

　このような行為規制については，それがトリガーされる要件を調査した上で，①行為規制がそもそもトリガーされないよう事業・取引を調整するか，②行為規制を正面から遵守するかのいずれかを選ぶことになると思われるところ，企業法務弁護士は依頼者からの相

---

　4)　例えば，通常の企業にとっての銀行業免許が挙げられる。ただし，一部の大企業はそのグループ内に銀行業を営む企業を持っている。

談を受け，トリガーされる要件やトリガーされた場合の行為規制の内容等を分析し，依頼者からの資料・情報を踏まえてアドバイスをする。この点は許認可（2(2)参照）に関する議論が参考になる。

(2)　許認可との連動性の有無

　許認可と行為規制が連動することがある。例えば事例 1 については薬機法上，製造販売業の許可が必要であるところ，厚労省令（いわゆる GMP 省令）は許可を得た業者に対して事細かく製造される医薬品の品質担保等を求めている[5]。

　しかし，例えば景表法においてはそのような限定はなく，広告等を行う全ての事業者に対して適用される[6]。

(3)　体制構築の重要性

　このような行為規制に対しては，かかる行為規制を遵守する体制構築が重要であり，行政法の行為規制そのものに体制構築義務[7]

---

5)　例えば，GMP 省令 3 条 1 項「法第 14 条第 1 項に規定する医薬品又は医薬部外品の製造販売業者（法第 19 条の 2 第 4 項に規定する選任外国製造医薬品等製造販売業者を含む。以下同じ。）は，医薬品にあっては第 2 章，医薬部外品にあっては第 3 章の規定に基づき，医薬品又は医薬部外品に係る製品の製造業者及び外国製造業者（以下「製造業者等」と総称する。）に製造所における製造管理及び品質管理を行わせなければならない」として，「製造販売業者」を主語としていることに注目されたい。

6)　例えば景表法 5 条柱書が「事業者は，自己の供給する商品又は役務の取引について，次の各号のいずれかに該当する表示をしてはならない」として，「事業者」を主語としていることに注目されたい。

7)　薬機法 18 条の 2 第 1 項柱書「医薬品，医薬部外品又は化粧品の製造販売業者は，医薬品，医薬部外品又は化粧品の品質管理及び製造販売後安全管理に関する業務その他の製造販売業者の業務を適正に遂行することにより，薬事に関する法令の規定の遵守を確保するために，厚生労働省令で定めるところにより，次の各号に掲げる措置を講じなければならない」や，景表法 22 条（2023 年改正施行前は 26 条）1 項「事業者は，自己の供給する商品又は

が含まれることも少なくない。

　人的体制としては知識経験能力等がある人を配置することが挙げられる。組織的体制というのは責任者の任命等，役割を定めてそれぞれが役割を果たせるような組織とすることである。その他規程類の整備や，記録作成等も重要な体制構築の内容である。

　このような体制は，法務担当者が依頼部門とコミュニケーションをしながら具体的に構築していくこととなる。そして企業法務弁護士は，法務担当者と密に連絡を取り，かかる構築の過程で必要な法律上の規制内容等に関する（意見書の提出を含む）アドバイスをしたり（第3章1および2参照），規程類のドラフト・レビュー（第4章3(2)参照）等を実施したりすることになる。

4　行政調査・処分対応

(1)　行政調査・処分対応の具体例

　ここでもいくつか例示をして解説したい。

> 事例1：風力発電企業Aが風力発電機を設置しようとしたら，甲県から景観法違反との指摘を受ける。
> 事例2：タクシー会社Bは，広告会社乙から，乗客の情報をプロファイリングして広告の配信を受けるサービスの提供を受ける。これについて個人情報保護委員会から違法の可能性があると指摘され，報告徴収を受ける。

　役務の取引について，景品類の提供又は表示により不当に顧客を誘引し，一般消費者による自主的かつ合理的な選択を阻害することのないよう，景品類の価額の最高額，総額その他の景品類の提供に関する事項及び商品又は役務の品質，規格その他の内容に係る表示に関する事項を適正に管理するために必要な体制の整備その他の必要な措置を講じなければならない」参照。

(2)　三面関係と苦情対応の重要性

　ここで，行政調査・処分対応においては，行政の三面関係，つまり，行政当局および自社だけを見るのではなく，依頼者の行為について苦情を申し立てる地域住民や消費者等の存在を意識することが重要である。

　例えば事例1では，地域住民が不満を持って行政に働きかけ，行政処分を出させようとしているのかもしれない。

　そして，基本的には行政当局がどちら側の主張に沿った対応をするのかによって，その後の対応の難易度が変化する。要するに，行政当局が自社の説明を理解してくれれば，行政当局に裁量があることが多いので，住民等が行政の対応に対して提訴等をしても，少なくとも一般論としては，なかなか簡単には行政の判断を覆せないということである。ただし，逆に行政当局が住民等の意向を踏まえて，例えば依頼者に対して不利益処分をした場合，少なくとも訴訟段階での逆転はかなり大変である。

　だからこそ，まずは事前の丁寧な説明等で住民や消費者等からの苦情が発生しないようにし，仮に苦情が発生しても，その段階で住民や消費者等に理解してもらうよう説明等を行うべきである。また，そのような丁寧な説明にもかかわらず，住民等の理解が得られなそうであれば，その次のステップとして住民等が行政に訴えかけるという手段を取り得ることを踏まえて，事前に行政当局への説明等を丁寧に行うべきである。

(3)　事実に基づき早期の行政目的実現を指導する

　この点は『キャリアデザインのための企業法務入門』[8]や，危機

---

8)　松尾剛行『キャリアデザインのための企業法務入門』110頁。

管理対応（第5章4参照）で述べた話とも共通するが，早期に依頼者の方で行政目的を実現させることが重要である。

　そのような行政目的の自発的実現の前提として，事実を調査してそれに基づき自社のポジションを把握し，今後どのような対応をすることで，「既に行政目的は実現済みだ」と説明できるかを検討すべきである。

　例えば，事例1についてはよく調べたら依頼者は景観法を遵守していて，むしろ行政当局に対して行政処分等の要件が充足していないことを説明することが重要かもしれない。行政当局としても，景観を悪化させる違法な工作物が構築されるのであれば行政処分が必要だと考えるだろうが，そうではないと理解すれば，少なくとも厳しい対応はしなくなる（できなくなる）だろう。

　事例2で，個人情報保護法違反がほぼ間違いないとすれば，企業（B）の側でそれらの法令が実現したい行政目的を自ら実現する。例えば，情報廃棄，乗客への謝罪・説明，再発防止体制構築等である。行政当局として「既に行政目的が実現済みだ」となれば，重い処分が課される可能性が低くなる。

　弁護士はこのような方向に至るように依頼者に対して適切なアドバイスをすべきである。

(4)　処分以前の「ゴールデンタイム」と行政当局との交渉

　報告徴収時の報告対応，そして処分に向けた交渉という，処分以前のタイミングがまさに「ゴールデンタイム」である。つまり，一度処分が打たれて訴訟に移行すると，行政に裁量がない羈束処分といえない限り，行政には裁量がある。そうすると，それが違法だというためには，行政裁量の逸脱・濫用とまで言えるだけの証拠を提出することが必要である。

しかし，それ以前の段階であれば，相当性や適切性等を踏まえて判断される。上記の行政目的実現がされていることは重い処分が（違法かはともかく）不相当・不適切だろうという判断に働く事情である。だからこそ，このゴールデンタイムにおいて行政当局にわかりやすい説明をすることが重要なのである。

5　行政訴訟

(1)　行政訴訟の具体例

事例 1：4 の事例 1 で，残念ながら景観法違反として勧告・公表されそうになったため，依頼者は裁判で対抗したいという。
事例 2：4 の事例 2 で勧告および命令が出たので，依頼者は裁判で対抗したいという。

(2)　行政訴訟を起こすか否かの判断

行政訴訟において検討すべきイシューとしては，どの類型の訴訟を起こすかという訴訟選択論，その訴訟類型の訴訟要件をくぐり抜けて門前払いを回避し本案審理を得られるかという訴訟要件論，最後は当該処分が違法等として勝てるかという本案論がある[9]。

まずは勝てるかどうか[10]が判断基準として重要である。例えば，事例 1 においては，そもそも勧告・公表の処分性が否定される可能性が高いと思われる。すると，確認訴訟等の実質的当事者訴訟や民事訴訟等で対応することになるところ，仮処分が使えるとの立場を

---

9)　伊藤建ほか『行政法解釈の技法』（弘文堂，2023 年）および大島義則編著『実務解説　行政訴訟』7 頁を参照。
10)　すなわち，正しい訴訟選択を前提とした訴訟要件・本案論の検討を行うということである。

前提としても実務上勝訴まで持っていくことは難しい場合が多そうである[11]。もちろん，目的が勝訴判決ではなく提訴をしたことを世に知らしめることで世論を動かすこと（第7章参照）であれば，勝訴判決を得られるか否かについて深く考えなくてよいかもしれないが，一般的には負ける可能性が高いのであれば，訴訟という選択肢の採用に対しては消極的となりやすいだろう。

レピュテーションやステークホルダーとの関係も重要である。事例2について，例えば命令が重過ぎる，もう少し軽くしてほしいと思っても，実態として不祥事を起こして危機管理対応（第5章4参照）を行っているという場合においては，訴訟提起により，「反省のない企業」と思われてしまわないかという危機管理対応独自の観点を踏まえるべきである。

(3)　行政訴訟の追行

行政訴訟においては，例えば訟務検事がチームを編成して時間をかけて準備・反論をしてくる。こちらとしても攻勢に出て，例えば情報公開請求等できちんと資料・証拠を得た上で[12]，自己の訴訟要件論上および本案論上の主張を説得的に展開することになるだろう。

行政訴訟において訴訟上の和解は原則としてできないものの，いわゆる実質和解は全く不可能ではない。例えば，自発的に行政処分を取り消してもらい，訴えを取り下げるなどである。

---

11)　松尾剛行＝山田悠一郎『最新判例にみるインターネット上の名誉毀損の理論と実務〔第2版〕』（勁草書房，2019年）264頁参照。

12)　出訴期間との兼ね合いで，提訴前に情報公開を受けることは難しいかもしれない。

6　行政に対する法務サービスの提供

(1)　行政に対する法務サービス提供の具体例

例えば以下のような形がある。

> 事例 1：Ａ県は弁護士に顧問弁護士となることを依頼する。
> 事例 2：Ｂ区は弁護士に個人情報保護法改正対応委員会の委員への就任を依頼する。

(2)　顧問弁護士

古くから存在するものの，あまり企業 13) 法務弁護士の業務分野としては注目されてきていないのが，自治体等の顧問弁護士業務である。

筆者自身の某県顧問弁護士の経験を踏まえると，顧問弁護士の重要な存在意義は，前記（4(4)参照）のゴールデンタイム，つまり，行政処分が行われる前の広い裁量がある段階で関与し，違法性・適法性だけではなく適切性や相当性の観点から自治体等に助言できるところにあると考える。

すなわち，行政処分の多くは裁量が認められるので，裁量権の逸脱・濫用が存在しない限り行政訴訟で取り消されることはない。しかし，裁量権の逸脱・濫用とまではいえないものの，必ずしも適切・相当ではない行政処分は実務上生じ得るのである。

顧問弁護士はそのような場合に「最後は貴自治体のご判断ですが，Ｘという点，Ｙという点，Ｚという点を考えると，〜という処分を

---

13)　ここでは民間企業に限られない「組織」に法務サービスを提供するという広い意味での「企業法務」が問題となる。

しないことが適切・相当なように思われます。ただし，〜という処分をすることが直ちに裁量の逸脱・濫用かというと，○○という理由から，そこまでは言えないかと存じます」などと，できるだけ適切・相当な行政処分が実現するようアドバイスをすることができる。

　実務上は複数人の顧問弁護士がいる場合であれば，地元の弁護士と専門性を持った弁護士の双方が顧問として選任されていることがある。そして，具体的な事案に応じて，例えば地元の人脈等が重要な案件は地元の弁護士，行政法上の難しい論点に関わる案件は専門弁護士に依頼するといった形で役割分担がなされていることがある。

　顧問弁護士としての典型的な業務は以下のものがある。

- ・内部手続対応——行政内部の手続として何が要請されるかを確認した上で，当該手続上必要な対応を適法にできるよう，行政法の解釈等を確認する。
- ・住民対応——困った住民への対応や住民とのトラブル等に対してどこまで要求に応じ，どこから毅然と断るべきか等の助言をする。
- ・行政処分対応——何らかの行政処分を打とうとする際に，取消訴訟等が起こっても維持できるかなどの検討を行う。
- ・ホットライン——第6章4(5)参照。
- ・訴訟対応——上記5参照。

(3)　審議会委員等

　弁護士にとって，審議会等の委員の仕事も重要である。審議会等の委員には，大学の研究者や企業法務担当者[14]も選ばれるが，弁護士もよく選ばれる。

---

14)　例えば，経団連推薦委員などである。

　そして，その会合の趣旨にもよるが，法律実務を知っている人が自分だけといった場合もある¹⁵⁾。そうすると，例えば条例改正等の実作業が生じる場合には，事務局ドラフトのチェックをしたり，実質的にドラフトをしたりすることが弁護士の仕事となることもある。

　どのような会合においてどのような役割を果たすべきかはケースバイケースであるが，公共政策法務（第7章参照）とも関わる重要な仕事である。

＞ POINT ＜

▶ 企業法務で対応すべき重要な行政法は，主に業法である。

▶ 許認可対応では，許認可の取得は事業を適法に進める手段に過ぎないことを前提に，要件の厳しさや行政当局の裁量の有無を考慮しながら，事業目的の実現方法を検討すべきである。

▶ 行為規制対応では，許認可との連動に留意しつつ，トリガーされる要件や，トリガーされた場合の行為規制の内容（体制構築等）を分析することが必要になる。

▶ 調査処分対応では，行政当局・自社・苦情申立人（地域住民，消費者等）の三面関係を意識する必要がある。早期かつ自主的に行政目的を実現したことを行政当局に説明し，処分を回避することが重要である。

▶ 訴訟対応の判断基準としては，正しい訴訟選択を前提に，訴訟要件・本案勝訴要件を充足するかが重要となるが，危機管理の視点からは，訴訟提起自体のレピュテーション等への影響にも留意すべきである。

▶ 行政機関に対しても，顧問弁護士や審議会委員として法務サービスを提供することがある。

---

15)　他の委員の属性としては地方議会議員のような場合もある。また，大学の研究者が委員であっても，法学研究者でないこともある。

　筆者は所属事務所の厚意により，2012 年から 2016 年までの比較的
長い間，米国および中国に留学する機会を得た。このことに対し，大変
感謝している。留学には，①国際的な視野を得る，②人脈を広げる，③
外国語に習熟する意味があったと考えている 16)。

　①まず，大学の講義だけではなく，講義外の活動を含め，様々な考え
を持つ多様な人と交流することができた。また，特に米国法，中国法，
日本法の 3 か国を比較し，その相違の背景にあるそれぞれの文化の違
いを認識することができた。特に法律の条文そのものが似ていても，そ
の背景となる考えや，運用が大きく違うというのは，大変興味深いもの
であった。これはもちろん日本にいても勉強できることではあるが，留
学はそのような国際的視野を短期間に集中して得られるという意味があ
るだろう。

　②次に，日本人か否かを問わず多くの人と交流することができ，帰国
後も関係が続いていることも多い。例えば，ボストンで「Vogel 塾」と
か「ハーバード松下村塾」と呼ばれていた故エズラ・ヴォーゲル教授が
主宰した日本人向けの勉強会に参加し，日本の未来について語った経験
は，公共政策法務（第 7 章参照）等に生きている。

　③さらに，外国語の面でも，留学時に法律事務所や企業法務部門等で
実務経験を積んだこともあり，英語・中国語を用いてリーガルサービス
を提供できるようになった。

　留学による時間面や金銭面のマイナスがあること自体は事実であるが，
その留学を最大限有意義なものにする努力をすれば，そのマイナスを上
回るプラスを得られるだろう。

---

16)　出版社の解散により残念ながら絶版になってしまったが，松尾眞『リー
　ガルサービス業とは何か――わが国におけるビジネスローヤーのありようを
　考える』（ILS 出版，2016 年）に寄稿した「中国留学のすすめ」および The
　Lawyers に連載していた「北京ロースクールリポート 偏東風」を参照。

第9章 刑事法務

1 企業法務弁護士「だからこそ」刑事弁護も行う

　筆者は 2021 年に破産法違反事件の弁護人として不起訴を勝ち取るなど，本書執筆時点においても現役の刑事弁護人であり，無罪判決を獲得したこともある[1]。

　企業法務弁護士のキャリアの中で，新人の頃に国選弁護を中心に刑事事件を担当することは比較的よく見られるものの，キャリアのどこかで刑事事件から離れていくことも多い。筆者のようにパートナーになってからも積極的に刑事事件の対応を続ける企業法務弁護士は，検察官出身者を除けば必ずしも多数派ではないだろう。

　しかし，顧問先の企業で刑事事件が起こった場合の捜査対応等は，刑事事件の経験があるからこそ適切に行うことができるものである。

　また，刑事事件の捜査の対象は，個人（従業員，役員等）と法人たる企業の双方となる。それは，多くの企業犯罪についてはいわゆる「両罰規定」により，自然人の行為者と企業の双方を処罰する規定が存在するからである。そこで，企業としては（不当な）企業の処罰を免れる，またはその影響を最小化する必要があるが，そのためには，①本当に役職員が何を行ったのかを解明する，そして②役職員を守るか，それとも，役職員の個人的行為だとして会社は責任

---

1)　松尾剛行「違法収集証拠排除法則──覚せい剤取締法違反（使用）事件における無罪事例から」学習院法務研究 5 号（2012 年）53 頁参照。

がないと主張するか（場合によっては司法取引をして検察が役職員を訴追することに協力し会社を守るか）判断するといったプロセスが必要となる。

このような状況の下で，①最初の事実確認プロセスにおいては，会社は役職員の協力を得たいと考えるものの，②の判断の結果によって，会社は役職員に不利な行動をする可能性がある。その意味では，事後的にコンフリクト（利益相反）の問題が生じる可能性があり，なかなか会社の顧問弁護士は役職員の弁護人になることができない。そうすると，コンフリクトアウトとして，当該企業の顧問弁護士以外の企業法務弁護士が役職員の弁護人となる機会がある。このように，刑事事件ができる企業法務弁護士の将来性は十分にあると考える。

もちろん，裁判員裁判などになると，集中審理のため他の予定が入れられない状況となるし，在宅事件では「警察側の日程で取調べしますが，お望みなら警察署に一緒にお越しいただくこと自体は可能です」と言われるようなことも多いので，他の案件の日程調整ができなかったり，突然午後いっぱい日程を全てキャンセルせざるを得なくなることもある。その意味ではワークライフバランス（第1章4(6)参照）との相性が悪いが，この問題はチームで対応することなどによって解決するしかないだろう。

2　刑事弁護総論

(1)　刑事弁護の大変さ

刑事弁護（特に身柄事件）の大変さの本質を例えて言えば，「100メートルダッシュを繰り返す」ものの，しかし「何本ダッシュすれば終わるのかがわからない」ということである。特に身柄事案にな

る（ことが想定される）被疑者弁護であれば，短期決戦で逮捕阻止，勾留阻止，勾留準抗告，勾留延長阻止のための勾留延長準抗告，不起訴意見書等という形で多くは期限のタイトな弁護活動を繰り返すことになる。普通は土日も関係ない。例えば，金曜逮捕，土曜初回接見，日曜送検で身元引受書を取ってそのまま検察庁に勾留阻止のための意見書を出す（接見は検察庁で行う）というスケジュールとなると，土日が潰れてしまう。

　この場合の対応の大きな流れは，司法修習で教わったいわゆる「刑弁フルコース」である。否認事件で完全黙秘ということなら，信頼関係を維持して黙秘を続けさせることが重要であり，そのためには頻繁な接見が必要である。不起訴を目指す自白事件の場合，早期釈放に向けて各書面にいろいろなことを書き過ぎて，後に公判で「弁護側は，逮捕時点から言うことがコロコロ変わっている」と指摘されると困る一方，起訴不起訴や身柄解放に関して裁量を有する検察官を説得できるよう，きちんと主張すべきことを主張しないとよい結果にはならない。そのため，書面にどこまでの内容を書くか悩ましいこととなる。このような大変な活動を，いつ終わるかわからないまま短期スパンで繰り返すのである。

(2)　刑事弁護4つのポイント

(a)　獲得目標を複数持つ

　まずは獲得目標を複数持つことである。これは危機管理（第5章参照）や行政対応（第8章参照）とも類似しているが，最良の結果にならない可能性も高い中，「最良の結果にならなかった場合でも次につなげる」効果を持たせるということである。

　例えば，勾留準抗告で「構成要件該当性がない」と主張するとしよう。もちろん，それで釈放されれば嬉しいものの，実務上はまず

それだけでは釈放されない。しかし，この一貫した無罪主張が，不起訴（や無罪）につながる可能性がある。

　また，検事のところに面談に行って，弁護人がどういう人かを知ってもらうこともある。もちろんその面談で主張が通ればいいが，「このような信頼できる人が弁護人なら，釈放しても変なことはしないだろう」と思ってもらえれば，最後の起訴・不起訴の判断によい影響を与え得るだろう[2]。

(b)　常に前を向く

　先ほどはダッシュの比喩を使ったが，100 メートルダッシュをして「負ける」と，すぐ次の 100 メートルダッシュが始まる。刑事弁護は諦めたら負け，心を折られたら負けである。そこで，気持ちの切替えが大事である。「この人が釈放されないわけがない」と思っていても，現実には（特に大都市以外で）「人質司法」は根強く残っている。いちいち落ち込んではならない。すぐに前を向いて次の一手を繰り出す。愚直だが，これしかないのである。

(c)　チームワーク

　このような刑事弁護は，1 人だと精神的に厳しいものがある。また，弁護士は，1 つの事件のみをやっているわけではなく，別件で手が空かないこともある。起案する人，接見する人，家族との連絡調整をする人など，チームでやることでやり通すことができる。通常は若い人が接見と起案，シニアになると起案修正，もっとシニアになれば大所高所からのアドバイスという役割分担となることが多いが，個別の事案では異なる場合もある。

---

2)　その意味は，約束は守らないといけない，ということである。かつて筆者が「釈放されたらその後必要な協力を確保する」と約束して依頼者の釈放を得た事案で，約 2 年後に検事から「共犯者の公判に証人として呼びたいので協力してほしい」と言われた際は「もう弁護人ではないので」などと言って断ることはせず，きちんと協力して証人尋問を実現した。

(d)　ケースセオリー

既に司法修習で説明されていると理解しているが，「ケースセオリー」，つまり，争いのない事実や固い証拠と矛盾しない，依頼者にとって最も有利な説明を考えることが重要である。新人弁護士がケースセオリーを考え，パートナーが添削するというOJTで学んでいくことが多いだろう。

(3)　無罪より不起訴を

もちろん，起訴されてしまった案件で，依頼者が否認していれば無罪を目指すべきである。しかし，起訴前の段階であれば，起訴された上で無罪を獲得することと不起訴であれば，（最後は事案にもよるのだろうが）不起訴の方が依頼者の利益に適う場合が多いと考える。

(4)　結局リソースが勝負

筆者が私選弁護を行っているからという面はあるが，捜査機関以上のリソースをかけることが重要である。このように述べると，「大組織の捜査機関と少数の弁護士という多勢に無勢の状態なのだから，リソースを捜査機関以上にかけるのは無理ではないか」と思われるかもしれない。しかし，組織犯罪，特に法定の勾留期間という期限がある身柄事件において，捜査機関は「小魚」にリソースを費やすよりも，普通は「大魚」にリソースを費やそうとするだろう。そこで，自分の案件の被疑者が「小魚」なのであれば，弁護側がリソースを注ぎ込むことで，捜査機関をリソースで上回ることもできる。

ここでいうリソースには，事務所内の弁護士も含まれるが，外部の協力者も含まれる。

(5)　捜査弁護の視点

　捜査弁護では証拠開示がなく，もちろん取調べ時の刑事の発言等は参考になるものの，刑事は時々被疑者（依頼者）に「カマ」を掛けてくることがあるので，証拠を確認してケースセオリーを作る上で様々な不便がある。

　そこで，「あるべき証拠が（実は）ないのではないか」という視点が重要である。例えば，被害者は，被疑者（依頼者）に対して傷害事件だと主張しているが，被疑者（依頼者）の勾留状に記載された被疑事実はあくまでも暴力行為等処罰法違反であって，被害者の全治期間がどのくらいと診断書に記載されているのかを尋ねても，被害者側も捜査機関側も答えてくれないという場合，「診断書がないから傷害事件にはできないのではないか」と考えるといった思考をするということである 3)。

3　刑事弁護各論

(1)　刑事コンプライアンス

(a)　はじめに

　例えば，企業で業法違反や規制法違反事案が発生するとしよう（第5章参照）。その場合には，行政対応をまずは考えるだろう（第8章参照）。しかし，これらの規制は，多くの場合，同時に刑事罰を含む。つまり，違反が会社や役職員の刑事罰を招く。

　いかに刑事法を会社として遵守し，役職員に遵守させ，被害者になることを回避するか。実務的には，「民事法・行政法を念頭に置いて行われるコンプライアンスとの相違点」について留意するべき

---

　3)　ただし，その時点では何らかの理由で捜査機関の手元に診断書がないものの，その後に取得予定ということもあるので注意を要する。

だろう。この観点からは以下の 4 つの指摘ができる。

(b)　極めて重大な結果が発生し得る

多額の罰金，役職員の自由刑，行政法上の欠格事由該当のような結果も重大であるところ，これに加えて，刑事事件になったというレピュテーションリスクは場合によっては会社にとって致命的になる可能性さえある。

(c)　関連する典型的法令は限定されている

ただし，実務上企業犯罪として典型的に問題となるのは，一部の財産犯，外国公務員贈賄，独占禁止法，業法等という形で限定されている。よって，企業法務弁護士としては，これらの典型的に問題となる類型の犯罪について熟知するとともに，依頼者に対してはこれらに対する重点的な対応をアドバイスすべきである。

(d)　国際性を帯びることがある

国際カルテル，米国 FCPA 等の外国法にも留意すべきである。外国における刑事事件は実体要件と手続双方において日本の常識が通じないことが重要である。だからこそ，刑事対応に精通している現地弁護士との連携が重要である。

(e)　「逮捕」のインパクト

法律上は無罪推定がはたらくとはいえ，遺憾ながら，逮捕されるとほぼ世間的には依頼者が「悪い」となる。そこで，不起訴を狙うことができる事案については，一度逮捕されてから不起訴となるような方向ではなく，在宅事件のまま不起訴となるように進めるべきである。依頼者の役職員で嫌疑を持たれている者の取調べ，実況見分その他に弁護士（ただし前記 1 のとおり依頼者の顧問弁護士ではない場合が多い）が協力し，取調べのため警察署へ同行することなどによって，可能な限り逮捕を回避する必要がある。

(2)　司法取引

それが立法趣旨に照らして良いか悪いかはともかく，実務上司法取引は，会社が「悪い役職員」の捜査に協力し，会社としての刑事罰を回避または軽減するという利用のされ方が多い。会社として「刑事法の目的は既に達成済みだ」と説明することで，レピュテーションや欠格事由対策をするという危機管理（第5章4参照）のセオリー通りに行うべきである。

(3)　捜査弁護「基本のキ」

捜査弁護の基本は「先手」である。

比較的軽微な被害者のある犯罪で身柄拘束された場合を想定すると，例えば以下の書面を事前に用意しておこう。

・弁護人選任届
・身元引受書
・勾留に関する意見書
・被害者に対する被害弁償申入書面

外国人であれば，弁護人がパスポートを預かり済みであることの上申書（すなわち裁判官が最も懸念する海外〔母国〕への逃亡の恐れがないことを示す資料）も用意しておく。

受任したらすぐに書類を埋めて勾留請求前に検察官に渡すべきである。勾留請求されても諦めてはならない。これらの書類が一件記録に同封され，裁判官がこれを吟味する。勾留を担当する裁判官から弁護人に電話がかかってくればぐっと有利になる。

このような「基本のキ」を愚直に繰り返す以外に成功はない。大変なことではあるが，体感上新人弁護士の勾留請求却下率が高いのは，愚直にやるからだと考えている。

　ただ，逮捕段階で解放されても，まだ終局処分が決まっていないという点には留意が必要である。例えば，示談すれば不起訴の可能性のある事案であれば，そこからが本格的な示談交渉の始まりである。

4　告訴対応等の被害者としての刑事法務

(1)　企業が被害者となる場合

> 事例1：依頼者A社の小さな営業所のベテラン経理担当者が100万円を横領し，それを隠すためにさらに横領を繰り返していたことが発覚した。
> 事例2：依頼者B社の経営者が1億円を横領した。

　事例1は残念ながら企業法務実務で見かけることの多い，いわゆる従業員不正事案である。例えば，営業所の従業員数10人のうち，9人が営業担当，1人が経理や総務担当という状況で，その1人が固定的に同じ営業所での勤務を継続していると，その人が「出来心」を起こして会社のお金を横領してしまうことがある。

　事例2は大きな不祥事になり得る事案であり，危機管理対応（第5章4参照）が問題となり得る。この場合は例えば，会社として経営者に退任を求め，退任しなければ最後は取締役会で代表権を剝奪し，また，刑事告訴をすることになる。

　このように，会社側が「被害者」になる事件も企業法務弁護士の守備範囲である。私はある会社役員の不正案件で特別背任罪の告訴状を書いたことがあるが，これも刑事法務の1つである。

(2)　告訴等の刑事的手段を採用するかの判断

　実務において，1つの行為が①契約違反や不法行為等民事的なペナルティを招来すると同時に，②行政法違反であり，かつ，③刑罰法規違反でもあるということが生じ得る。また，それが労働者の行為の場合は，④労働法上の懲戒等の措置を講じることができ，また，役員の行為の場合には⑤解任等の会社法上の措置を講じることができる／講じるべき場合であったりもする。

　すると，本当にその場合に刑事告訴等の刑事的手段を採用するべきか，仮に構成要件に該当し違法・有責な行為であっても，刑事的な対応以外のものに留めた方がいいのではないか，という点も考える必要があるだろう。

　例えば，事例1で本人が全ての損害を賠償し，責任を認めて会社を辞めている（または懲戒解雇処分を受けている）という場合において，重ねて刑事罰を求めるべきかという問題はあるだろう 4)。

　また，基本的な事実関係が民事紛争であり，形式的に刑事法の問題となっていても，事案の本質としてそれが付随的であるとみなされた場合，いわゆる「民事崩れ」として警察側が積極的に動いてくれないということもよくある。

　ただ，事例2のような重大な犯罪行為の場合であれば，むしろ毅然と刑事告訴をすることで，会社として当該不祥事を起こした元経営者と決別し，新たな経営体制で再起をすることをより明確にすることができるだろう。

(3)　告訴対応を実施する場合

　基本的には告訴状 5) を作成し，資料を添付し，所轄の警察署に

---

4)　ただし，社内で同様の事案が起こらないよう，会社はこのような事態を許さないというメッセージを発するために告訴するといった判断もあり得る。

説明に赴くことになる。告訴状においては，第三者である警察にとっても事案の内容と重大性が理解できるよう，できるだけわかりやすく事案の概要を説明する必要がある。また，キーとなる資料も添付することで，それが裏付けられていることをアピールする。要するに，可能な限り告訴人側で事前に資料等を準備して，「御膳立て」をするということである。

その後，様々な証拠の提供要請やヒアリング要請等があり，それに対応していくことになる。

> POINT ◄

▶ 両罰規定が多い企業犯罪では，会社と役職員との間に利益相反が生じやすく，複数の弁護士に依頼する必要があり，刑事事件ができる企業法務弁護士は仕事を獲得しやすい。

▶ 刑事弁護には，全力を出し切る期限のタイトな活動を，終わりが見えないまま繰り返す大変さがある。最良の結果が出ずとも前を向き，次につながる活動を続けること，1人で抱え込まずチームワークで乗り切ること，説得的なケースセオリーを練り上げることが大切になる。

▶ 刑事弁護では，「基本のキ」を愚直に繰り返し，何事にも先手を打って，とにかく逮捕を回避することが重要である。

▶ 刑事コンプライアンスでは，民事法・行政法違反の場合に比して，極めて重大な結果を伴う一方，典型的法令は限定されている。国際事件では現地弁護士との連携が重要となる。

▶ 会社が被害者である場合には，告訴対応をすることもある。告訴行為自体のステークホルダーへのメッセージ効果も意識しながら，刑事的手段の採用の是非を検討すべきである。

5）告訴状については最初からは受理されず，告訴状のコピーを取った上で捜査を進めて，送検する段で送検事実と同じ内容で正式に告訴をさせるといった運用を捜査機関が志向することもあることに留意が必要である。

▶Column MBA の効用

　現時点でも活きていると感じる機会が多いのが，中国留学中に北京大学経済学院のエグゼクティブMBAコースを修了したことである。筆者以外の参加者は皆中国において部下（主に中国人部下）をマネージすることについて日々努力をしているマネージャー達であった。

　当時筆者はアソシエイトであったが，将来帰国して事務所のパートナーになるキャリアを想定していたことから，パートナーになってからのことを考え，MBAコースに通うことにした。講義の中では，リーダーシップ，マーケティング，人事管理等のMBA一般で学ぶ内容に加え，中国経済や，中国の歴史・文化等についても学ぶことができた。また，講義内外で同級生から，マネージメントにおける様々な苦労話を聞くことができ，そのリアルな話は，実際にパートナーになってからのどのように対応するべきかをイメージする上で大変役に立った。

　自分自身がそのクラスで唯一のマネージメント経験がない学生だったことから，基本的には同級生から利益を得るだけのtakerであった。しかし，それだけではいけない，give and takeの関係にならなければと，ノートテイカーになった。すなわち，講義をほぼ逐語でタイプして，それを同級生に共有した。これによって集中して講義を聞くことになったし，同級生と仲良くなることができた。

　必ずしも全ての弁護士がMBAの勉強をする必要はないと考える。しかし，「ビジネス」について考え，解像度を上げる機会としてMBAは有用であろう。

第10章 国際法務

1 国際法務のポイント

(1) 外国語であることが本質か?

　国際法務においては英語力が必要だと論じられることが多い。しかし,言語そのものは本質ではない。つまり,仮に交渉や契約に日本語を使うとしても,国際案件に対応する以上は,その特殊性に対応しなければならないのである。

(2) 特有の慣行とその背景にある法律・実務の違い

　それでは何が国際案件の特殊性かというと,むしろ特有の慣行の方であろう。例えば,契約法務で言えば,長文の契約書,防御義務,補償(indemnification),保証,責任制限,履行請求による救済等に関する特徴的な条項などである。一部は日本の契約実務にも輸入されているものの,完全に国際案件と同様の契約(英文契約の和訳のような契約)は少なくとも国内取引においては主流ではない。

　なぜそのような特徴のある慣行が存在するかと言えば,やはり準拠法の違い(典型的には英米法との違い),および契約観・契約の履行に関する意識等の違いがあるからだろう。

(3) 「ワンサイズフィットオール」ではない

　読者のみなさんがもし,ある1つの「国際法務の慣行」のような

ものがあり，それさえマスターすれば国際法務ができるようになる，という理解をされているとすれば，それは誤りと言わざるを得ない。つまり，国際法務慣行というのは，全ての局面で利用されるというようなワンサイズフィットオール（one size fit all）ではないということである。あくまでもそれぞれの準拠法によって，そして場合によってはそれぞれの会社でばらつきがある。例えば，代表的なものとして英米法と大陸法の相違があるが，同じ英米法でも，アメリカとイギリスとインドでは相当実務に違いがあるし，同じ大陸法でも日本と中国では相当異なる。

　その意味では，国際法務は非常に奥が深いものの，例えば「英米法特有の考え」や「中国らしい対応」等のカードを自分のものにしておくと，「この英文契約書はたぶん英米法特有の考えを取り入れた書式になっているが，相手方の中国企業は中国企業らしい対応をすることが想定されるので，それを踏まえて修正案を考えよう」といった形で対応方針を立てやすくなる。OJT も含めて，1 つ 1 つカードを身に付けていくことが重要である。

2　契約法務

(1)　国際契約のイメージ

　国際契約に関わる場面を例示してみよう。

> 事例1：依頼者 A は中国企業の甲に機械を売るところ，弁護士に契約レビューを依頼した。
> 事例2：依頼者 B は，米国企業乙からコンサルティングサービスを受けるところ，弁護士に契約レビューを依頼した。

　これらは国際契約における弁護士の関与の典型例である（なお，

紛争事例は後述 4 参照)。

(2)　どこが国内契約と違うのか

なぜ依頼者は弁護士に国際契約業務を依頼するのだろうか。それは「悩み」があるからであるが（第 1 章 1(1)参照），その「悩み」は，それが国内契約と異なり，自社法務部門で対応できないと考えるからであろう[1]。

具体例には，以下のような相違が見られる。

- ・国内の取引慣行と異なる取引慣行（(3)参照）
- ・慣れない外国法（(4)参照）
- ・紛争解決手段の相違と執行の困難性（(5)参照）
- ・言語（(6)参照）

これらの相違に対し，弁護士は以下のような対応をしていく。

(3)　取引慣行への対応

取引慣行の相違については前記が参考になるが，この点は弁護士や法律事務所に蓄積された経験がものをいう。国際法務を扱うのであれば，Incoterms や B/L 等の仕組みは必須の常識となる。また例えば，中国企業の場合には財務部門が支払を遅らせることが経営者からの評価につながるとして，支払を遅らせることもある。しかし，それはあくまでも「遅らせてもよい」と判断した案件についての話であり，例えば事例 1 で前払に合意できれば[2]，物がほしい

---

[1]　大型法務部門を有し，法律事務所並みの国際法務の専門性を有する商社法務等では事情が異なるが，ここでは詳述しない。

[2]　実際にはかなりハードな交渉になる可能性が高いことには留意が必要である。

甲は迅速に支払うだろうし，いわゆる繰り返しゲームの如く，例えば毎月注文が続くのであれば，翌月分の機械を納入してもらうため前月の支払を迅速に行ってくれることが多い。なお，前払の合意や，個別契約の発送義務はそれ以前の全ての個別契約の支払が完了している場合に発生すると規定することなど，契約による取引慣行リスクへの対応策も重要である。

(4) 準拠法への対応

準拠法が外国法である場合，社内で対応できることもあるが[3]，対応できなければ法律事務所に依頼が来るだろう。弁護士は準拠法がどこの法域のものでも日本における法律サービスの提供が許されているが，だからといって自分が理解していない法律に基づくレビュー等を実施すべきではないことは当然である。

例えば事務所内に所属する米国弁護士等の外国弁護士が対応するとか，現地の事務所と協力して対応するなど，それぞれの事案に応じた対応をすることとなる[4]。

(5) 紛争解決・執行への対応

紛争の解決の詳細は後述するが（4参照），例えば国際訴訟は国内訴訟と様々な相違点があり，また，仲裁手続が好まれる。また，国際執行には困難性がある。だからこそ，管轄条項・紛争解決条項のドラフティングが重要である。

---

3) 現地子会社にインハウスがいる場合があるだろう。

4) 例えば，自分自身が留学等を通じて専門性を習得することもあり得るが，やはり，日本で弁護士をしながら外国法について自分だけで一流のサービスを提供することには限界があり，通常は同国の弁護士や有資格者と協力することになる。

(6)　言語への対応（英文契約・中文契約等）

　日本語で国際契約を締結することに同意してもらえることは少ない。英文契約が多く，中文契約も見られる。この場合，翻訳会社等を利用して，いわば「日本語でのみ対応」するという方法も全く考えられないわけではないものの，タイムラグ等からなかなか現実的ではない[5]。

　そこで，そもそも「ビジネス英語／中国語」を理解できることが前提となる。つまり，契約は具体的なビジネスを前提として作成されるのだから，そのビジネスに関して用いられる表現等を知らなければ，法律以前の問題として歯が立たないだろう。

　加えて，言い回しを含む専門用語の知識が重要である。この点については，一定程度は準拠法の知識（当該法における専門用語）が重要であるが，例えば「ただし，〜の場合には，本項は適用されない」という但書きは「Provided, however, that this Paragraph shall not be applicable 〜」のようにするといった，準拠法というよりはむしろ，その言語における契約ライティングの際の定型的な用語の言い回しを知ることが重要であろう。

3　海外進出に伴う法務

(1)　海外進出の各段階

(a)　はじめに

海外進出のイメージを理解するため，A 社のポンプを X 国で販

---

5)　機械翻訳でタイムラグを最小限にして行うことも将来的にはあり得るが，現時点では機械翻訳の精度は低く，せいぜい「下訳」の位置付けに過ぎない。機械翻訳によって日本語のみで国際契約業務を行うことは不可能であるといえよう。なお，将来も少なくとも短期的には不可能であり続けることにつき，松尾剛行『ChatGPT と法律実務』260 頁以下参照。

売する場合を考えよう。

(b) 輸 出

まずは輸出である。例えば前記2の事例1において，Aとしては X 国のエンドユーザー甲にポンプを売るということが考えられる。その場合，X 国の顧客としては，簡単に A にコンタクトできない，逆に言えば，X 国の顧客の開拓が容易でないということである。

(c) 販売店・代理店

X 国から A に直接注文が来る状況では，甲のようなエンドユーザーに加え，輸入業者その他の様々な企業がバラバラに注文を寄こし，これに対して A がケースバイケースで対応せざるを得ない。しかし，A にとって，X 国市場が今後発展の見込める有望市場だと認識した場合，X 国のパートナーに自社商品の市場開拓や販売促進を委ねることが合理的な選択となる。

そのパートナーが販売店・代理店である。一般的には A から一度購入した上でエンドユーザーに転売するのが販売店，A とエンドユーザー間の売買契約の成立を支援するのが代理店である。

例えば，X 国のマーケット情報の収集，潜在顧客の発掘・開拓等を行うに際し，乙に全面協力してもらうことができれば，乙のネットワークを利用することで，甲だけではなく多くのエンドユーザーを獲得できるかもしれない。また，例えば，高温に耐えられる商品が X 国では売れるというならば，各製品のラインアップを前提に高温に耐えられる改造を実施したものを X 国向けに新商品として開発するなど，商品開発等にも良い影響が期待される。

実際の販売においても，個別の案件があるたびにバラバラに契約交渉するのではなく，代理店契約や販売店契約を締結し，その契約に基づく統一的対応をすることで，交渉コスト等を大幅に削減する

ことができる可能性がある。

(d)　現地生産（現地企業へのライセンス付与）

　上記の例において，今後 A の製品が X 国で多く売れる見込みが
あるものの，日本からは遠いので，輸送に時間がかかるなどという
場合，現地生産を実施することも考えられる。そのような現地生産
の方法の 1 つに，現地の同業他社である丙にライセンス，例えば A
のポンプに関する特許のライセンスを与えるというものがある [6]。

(e)　駐在事務所・支店の設置

　駐在事務所・支店は，本社と法人格が同じであることがポイント
である。つまり，A 社の一部である。

(f)　子会社・関連会社の設立

　子会社・関連会社は本社とは法人格が異なることがポイントであ
る。株主有限責任の原則から，法的には親会社が連帯保証しない限
り子会社の債務を親会社が負うことはない。とはいえ，日本企業は
レピュテーションリスクの観点から，株主有限責任の原則を持ち出
さない傾向にある。これに対し外国企業は平然と同原則を主張する
ことがあるので，留意が必要である。

　この子会社・関連会社は，自社単独で設立する場合と，現地企業
であるパートナーと一緒に設立する場合があり，それを合弁会社
（ジョイント・ベンチャー）という。合弁については後述する（(4)参
照）。

(2)　現地規制の確認

(a)　参入規制

日本でも外為法や各業法が外国から日本への投資を規律している

---

6)　その対価としてロイヤリティ（特許利用料）を払ってもらうこととなる。

ところ，日本企業が進出したい各国が以下のような規制をすることがある。

> ・（一定の）外国からの投資について許認可制度を設ける。
> ・外国からの投資をそもそも禁止する。
> ・自国企業との合弁のみを認め，単独投資を禁止する。
> ・合弁の際に 51% 以上自国側パートナーが投資をすることを求める。
> ・自国民の取締役（ローカルディレクター）を求める。

　冒頭の一定類型の投資に対する許認可は，例えば日本でも外為法が規定しており，稀な例ではあるものの，2008 年に Children's Investment Fund に対して，原発関連企業への投資を禁止した例がある。

　とりわけ新興国においては，特定の業種について，参入そのものが規制されていることがある。また，例えば単独投資を希望していても，自社の業種については合弁のみが認められている可能性もある。また，合弁で外資が過半数をとることを禁止したり，ローカルディレクターといった形で，現地の国籍を持っている人を取締役に選任しなければならないというような規制もある。こういう強行法規であって，当該国に進出する企業に関係が深いものの内容は，現地の弁護士と協力して事前に十分な調査をしておく必要がある。

　会社法や，その他の進出の際のエンティティの設立に関する制度や営業開始に際しての許認可制度等も理解しておく必要がある。

(b) 進出後の経営に関する法制度

　進出後，何らかのエンティティを経営する場合，経営に関しても様々な法制度が関わる。例えば，労働者保護法制（解雇規制等）の内容は重要である。契約等に関する法制度，個人情報保護法その他データ保護，工場運営の場合の環境法，知財法，競争法等も重要で

ある。

　さらに，賄賂リスク，人権リスク等は現地法だけではなく，国際的な法制度（FCPA，現代奴隷法等）を踏まえて検討すべきであり，ビジネスと人権が注目される現代において，ますます重要となっている。

(c)　代理店保護法制

　加えて，新興国を中心に，代理店保護法制などと呼ばれる，強行法規として代理店契約の解除等を制限する法制度を設けることがある。よくある規定としては，以下のものがある。

> ①代理店・販売店はX国の会社だけとし，外国企業を禁止する。
> ②代理店・販売店は当局に登録をすることを義務付ける[7]。
> ③契約解除を制限する（予告期間，補償等の定めを置く）。

　このような制限についてはX国進出の際にきちんと調べなければならない。

(3)　販売店・代理店の法務

(a)　そもそも（販売店・代理店）契約を締結するべきか

　販売店・代理店を指名することで，現地に法人を設立することなく，自社製品の販売拠点を構築することができることは間違いなくメリットである。

　しかし，一定程度販売店・代理店を契約で縛ることができるとしても，そもそも契約を締結すべきか否かという点は一考に値する。ここで，販売店・代理店契約が少なくとも一般には長期にわたって

---

7)　このような規制の結果，独占販売店の新規登録の際に元の独占販売店の登録を抹消しなければならない場合，元の独占販売店と揉めている間は，新しい代理店に活動させられない事態が生じ得る。

関係が継続することが予定されることに留意が必要である。そこで，慎重に信用性・信頼性（安定性），反社会的勢力との関係，汚職関係等を確認しなければならない。

留意すべき場合としては例えば，代理店や販売店候補が，特に政府関係者，例えば国営企業とコネクションがあり，そこで「うちに仲介させれば国営企業の案件がとれますよ」などと言ってくるときである。その会社に支払う仲介手数料（コミッション）というのは，実は単なる賄賂に使われるかもしれない。そのため，相手方の実績，業務内容，対価の額等を踏まえ，本当にきちんと仲介手数料に相応する業務をするのか，それとも，渡した金銭が腐敗官僚の懐に行くだけなのか，よく確認をしなければならない。

(b) 独占 (exclusive) か非独占か

実はこの販売店・代理店に関する最も重要な判断事項の1つが，独占か非独占かである。一定の地域，例えばX国において，仮に販売店が乙であれば，乙以外に売らせない，これが独占の意味である。

一般的には，販売店側は独占がほしいといえる。もし他の会社（例えば丙）も販売店となってしまえば，エンドユーザー甲がポンプをAから買うというプロジェクトがあっても，乙丙どちらの販売店が関与できるかわからない状態になる。例えば手数料が安い方から買うということになるかもしれず，乙としては値引きによってなんとかプロジェクトを受注しても，得られる手数料が減ってしまう。これに対し，X国を独占できれば，販売店乙としては大変ありがたいわけである。

逆にAとしては，販売店・代理店にきちんと働いてほしいものである。その観点からすると，販売店が独占権を有すると，営業努力の点で不安がある。実際，ある程度以上現地でニーズがある商品の独占的な販売店になると，何もしなくても勝手に注文が来て手数

料が入るので，営業努力を怠る事態もままみられる。これに対し２つ販売店があれば，競争関係に立つために営業努力に期待が持てる。なお，当初は販売店が１つでも，非独占としておけば，のちに販売店を追加することもできる。

(c)　どうやって実質的な活動をさせるか

この独占・非独占との関係では，基本的には販売店や代理店にきちんと「仕事」をさせるというのが大事である。仕事というのは，自社のブランドをきちんと宣伝して，販売を拡大するということである。そのための基本的な方法として，ショールームの設置，アフターサービス拠点の設置，専任担当者の設置等，販売活動について契約上の規定を入れることが多くある。

そして，インセンティブ（動機）付け（第３章２(4)(d)参照）が重要である。このような観点では，現在は非独占販売店・代理店だが頑張っていれば独占にする，逆に一応独占販売店・代理店だが頑張らないと非独占にするなど，トリガーを決めて，「飴と鞭」を発動することが考えられる。

(4)　合弁の法務

(a)　経営のコントロールが握れない合弁企業

海外に法人を設立して進出する場合，合弁と単独資本（独資）という２つの選択肢がある。合弁の場合には相手方パートナーが存在する。これに対し単独資本であれば，少なくとも会社内にはパートナーがおらず，会社の外に販売店等のパートナーがいる形となる。

合弁で問題となるのは，いわゆる「経営におけるコントロール」である。例えば，現地のパートナーが議決権を51％，自社が議決権を49％持っているとする。そうすると，経営のありとあらゆる事項について，パートナーの同意を得なければ何も進まず，むしろ

パートナーに主導権を握られてしまうのである。

　経営の過程では，以下のような様々な意思決定が必要である。

- ・重要なポジションを占める者の任命
- ・投資の意思決定 8)
- ・取引先との契約 9)
- ・資金繰り 10)

　例えば取締役の過半数が相手方パートナーで，社長もパートナーが出しているとなると，日常的な意思決定を社長が行い，重要な意思決定についてパートナーと自分の意見が対立すれば，パートナーの意向が原則として通ってしまう。要するに，こちらのやりたいことがあれば，常にパートナーに対して説明・説得することが必要になり，経営のコントロールを握れなくなってしまう。

　ここで読者は「それならこちらが51％，現地パートナーを49％とすればいいではないか」と思われるかもしれない。しかしそもそも，強行法規としての参入規制（(2)(a)参照）のせいでそのようにできないこともある。また，仮に合法的に過半数を取ることが可能でも，そう簡単ではない。51％を取れば経営のコントロールを握れることはお互い熟知しており，お互いに51％を目指して交渉することになる。その上で，それがなかなか厳しいと判断した側は，「自社としてはご提案の49％に同意するが，その条件として，重要なことをやるならこちらの同意を得る 11) ことだけは認めてほしい」などと交渉してくる。そのような結果，仮に51％を握ってい

---

8)　工場のライン新設，機械購入など。
9)　例えば，ポンプ10台を10億円で売る契約など。
10)　銀行から融資を受けるなど。
11)　例えば，○ドル以上の大規模な案件は自分たちの同意が必要だとすること。

ても，経営のコントロールが握れないということは非常に多い。

(b)　なぜ独資にしないか

かといって，独資にすれば全て解決するのかというと，決してそうではない。

まず，法律上合弁するしかない，つまり合弁強制があることがある（(2)(a)参照）。

次に，合弁にはそれなりのメリットもある。それは，現地における人脈（販売ネットワーク，調達ネットワーク等），ノウハウ（文化，慣行）など，パートナーにあって自分にないものを得られることである。例えば，X 国に初めて進出して，工場を建てるにしても，土地をどう入手するか，建物をどう建てるのか，サプライチェーン，つまり，原材料をどのように入手（輸入）するかすらわからないだろう。これらの手続等については実務上，パートナーの人脈，ノウハウに頼らざるを得ない。そこでやはり現地パートナーの存在は魅力があるのである。

(5)　国際 M&A の法務 12)

(a)　新規設立と M&A の比較

法人を作る際に許認可が必要という国が多い。日本だと，法務局に必要書類を揃えて持って行けばよいが，新興国だと，「フィージブルスタディー」を行わないといけない場合がある。また，ほぼ全ての業種について営業許可が求められる場合もある。日本でも許認可業種は多数存在するものの，全く許認可不要で事業を運営できる業種もまた多い。そういう意味では，海外での新規設立は面倒である。

---

12)　以下につき，松尾剛行『キャリアデザインのための企業法務入門』161
　　頁以下参照。

M&A は Merger & Acquisition, 合併と（株式）取得という意味である。合併というのは, 甲と乙が同じ会社になることである。多くの場合には, 買主甲が乙を買うという場合, 甲が乙を吸収合併するという方法がとられる。また, 乙の株式を 51% 以上を買えば, 乙を支配できるということになるので, そのような株式取得の方法がとられることも多い。

M&A には「時間を買う」という最大のメリットがある。確かに会社を新規設立して徐々に大きくしていくこと自体は可能である。しかし多数の取引先・従業員を抱え, 信用を蓄積していくのは時間がかかる。これらを既に備えた会社を買うというのは, 時間を買うことになる。また, 新規許認可を得ることができない業種というのもあり, このような場合には M&A を行うしかないだろう。

(b) 「ハズレ」を引く可能性

とはいえ, 決して全ての M&A が素晴らしいわけではない。M&A で「外れ」を引く可能性が相当程度あるということは十分に理解しておくべきである。

実際には, 弁護士や会計士のチームで調査を行う。これを買収監査, デューディリジェンス（DD）と呼ぶ。しかし, 質問に対して嘘をつかれたり, 偽物の資料を出された場合, 弁護士なら 100% 見抜けるかというと（何か怪しい, と思うかもしれないが）決してそうではない。「ハズレ」を引いてしまう可能性はなお残る。

(c) PMI (Post Merger Integration)

M&A においてはポストマージャーインテグレーション, 合併後の統合が重要である。要するに, どうやって違う会社を自分たちの色に染めるか, という話であるが, これはかなり難しい。それぞれの企業のカルチャーがある中で, どうやって「自分たちのグループ」としていくかが問題である。

　1つの方法は，買収先に多数の日本人を派遣し，幹部を固めることである。確かにコントロールは効くが，そのコントロールをしてうまく経営ができるほど，相手の国や相手の企業の事情をわかっているかという問題がある。また，徐々に移行していかないと現地従業員の昇進の際に，「ガラスの天井」ができてしまい，優秀な人から徐々に辞めていく恐れもある。

　もう1つの方法は，自由にやらせるというもので，特に経営がうまくいっていれば，その自主性を尊重すべき場合もある。とはいえ，知らないうちに雇われ社長が横領を働いているということもあり得る。コントロールが効かないというのは大きなリスクである。

　契約で縛る，例えば，重要従業員が何人辞めたら代金の一部を返してもらうということに合意させる方法もある。ただ，仮に契約で縛れたとしても永久に縛れないし，重大な問題が生じた場合において，単なる返金さえ受けられればよいのかは疑問である。

4　国際紛争

(1)　国際紛争の具体例

　国際紛争の具体例をいくつか挙げたい。

> 事例1：Aは甲にポンプを売ったが，甲がポンプが不良品だと言って代金を払ってくれない。
> 事例2：Aは同業他社の乙を代理店としたが全くポンプが売れない。
> 事例3：Aは丙とともに合弁会社を設立してX国に進出したが，経営をめぐって対立した。
> 事例4：Aは同業他社の丁を買収したが，大規模なリコールで大きな損失を被った。

　国際紛争において重要なことは，事前に紛争を予期した上で契約条項を定めることである。例えば事例3の合弁の場合，50対50で合弁することは紛争の種であって原則として回避すべきであるが，もし仮に具体的状況下でどうしてもそうせざるを得ないならば，「容易に予見できる紛争（例えば，デッドロック〔(2)(c)参照〕）の際にどのように簡易迅速に解決するか」について交渉し，これを契約書に明記すべきである。事前対応ができていなければ，いざトラブルが起こると合弁会社の本来の目的を忘れた戦いが始まり，合弁会社の業務が停滞し，トラブルが長期化するうちに競合にビジネスを取られるなど，損害が際限なく拡大していくことになりかねない。

(2)　交渉上の留意点

(a)　一般的留意点

　一般的な留意点は臨床法務における交渉（第5章2参照）と類似する。ただし，ここでは特に以下の3点を挙げておこう。

　まず，相手方は，日本の取引慣行上通常利用しないような予想外の交渉テクニックを使ってくる可能性があることである。例えば，事例1でAが甲に対して強く代金の支払を求め，その交渉のためにAの副社長がX国に赴いたところ，甲が「AがX国の可哀想な被害者に不良品を売り付けるという詐欺を働いた」としてX国捜査機関に対してAやその副社長を含む役職員を告訴し，Aの副社長が逮捕される，といったことが全くあり得ないわけではない。

　次に，準拠法や紛争解決条項について契約書が「絵に描いた餅」になる可能性である。例えば，中国企業との間の取引で東京地裁を管轄裁判所にしてしまった場合（(3)参照）には，契約条項がいくら有利でも意味がなくなるし，また，準拠法を契約書に明記しているから大丈夫だろうと思ったら，当該準拠法の強行法規によって契約

書の特定の条文が効力を有しないといったこともある。これらは本来，契約書作成時にあらかじめ対応しておくべきではあるものの，遅くとも紛争の交渉開始時にゴールを考える時点で検討しておくべきだろう。

　さらに，（交渉担当者が有能であることを前提に）あらかじめ社内で一定範囲において授権をしてもらい，決定権をもらっておくことが望ましい。特に交渉の相手方が意思決定権者を出している場合において，こちらがいつまでも「上司に確認する」を繰り返しているのでは，大変見栄えが悪く，信頼関係（第 5 章 2(6)参照）を害しかねない。そこで，例えば弁護士が先に会社から一定の範囲で授権を受け，その範囲であればその場で決めて，その場で双方がサインをできるようにすることが望ましい。

(b)　代理店・販売店をめぐる紛争

　多くの場合，解除が問題となる。例えば，契約上の中途解除条項による解除や，期間満了，債務不履行解除などの場面である。

　事例 2 において，代理店乙は，コストを投下して A のブランドを高めるために努力しているとする。例えば，ショールームを設ける，専門の技術者チームを設置して顧客の元に派遣するなどである。乙としては，一定程度契約が継続し，その中で仲介手数料を通じてコストが回収できると期待してこそそのような費用や労力を投下したのだろう。ところが A が契約書の規定に基づき 3 か月前通知による解除や，契約期間満了といった理由で関係解消を主張したとしよう。その段階で未だに，乙が期待したコストを回収できていなければ，乙 A 間で紛争に至ることがある。そして，乙の期待が正当と認められる場合には，その国の代理店保護法制（3(2)(c)参照）にもよるが，そのコスト分は補償しようということにもなり得るだろう 13)。

(c)　合弁契約

　揉めることが多いのが，事例3のような合弁である。上記の通りコントロールを握れないことが合弁の問題であるところ，自社でコントロールが効かないということは相当のストレスである。

　もし，現地の強行法規のために現地の誰かと合弁しなければならない（3(4)(b)参照）のだとすると，日本側としては現地パートナーはある意味において，「誰でもよい」ことになる。そのような場合，日本側は現地パートナーの対応を「わがまま」と感じやすい。他方で現地パートナー側も，自分たちがいるからこそ日本側が進出できると考えているため，揉めやすい。

　また，日本側が相手に求めるものが例えば「現地における人脈，ノウハウ」だとすると，その移転に関して揉めることがある。もしパートナーが人脈・ノウハウ等を移転せずそれをガッチリ囲い込むのであれば，単に販売店や代理店を通じて事業をするのと変わらないとして，日本側が不満を募らせることはよく見られる [14]。

　ある程度揉めると，デッドロック（膠着状態）が起こる。ここで言うデッドロックは，典型的には50対50の場合において，合意ができないというシチュエーションである。ただ，51対49でも，デッドロックが発生し得る。これは前述（3(4)(a)参照）のような，少数派の同意を要求する合意がよく見られるからである。こうしたことのため，合弁契約にはデッドロック状態をトリガーとして合弁を

---

13)　例えば，仮に契約期間は1年だとしても，その後の10年くらいの関係継続を期待して乙が大きなショールームを作った場合，その時点においてその後10年の継続への期待が正当なら，ショールームへの投資の回収について，一定程度Aに責任を負わせることがあるかもしれない。

14)　反面，パートナーがとても友好的で，人脈やノウハウをスムーズに移転してくれた場合も，場合によってはそれによってパートナーの存在意義が低下して，日本側が合弁解消（独資に切り替えるなど）の方向に向かうかもしれない。これはビジネスの厳しいところである。

解消するという条項が入ることが多い。例えば，デッドロックに陥ったら高い価格を示した側が相手の株を全部買う，どちらも価格を提示しなければ，会社を解散して資産を売却して，債務を弁済し，残金を持ち株比率で分けるなどである。

デッドロックが生じた場合，清算をするのが簡便と思われるかもしれないが，それも容易ではない。まずは労働者保護の法制度により，労働者に経済補償金や解雇に対する手当の支払を含む，解雇に対する補償をしないといけないことがある（3(2)(b)参照）。また，税務署が最後のチャンスとばかりに税金を取り立ててくることもある。あるいは進出時に土地の無償貸与や免税等の優遇措置を講じてもらっている場合，その分を返せと言われることもある。

このような理由で，合弁解消までには，非常に時間がかかる。例えば赤字で資産が足りないから解散したいのに，「資産が足りないままでは合弁解消は認められない」と言われ，追加で資金を投下しなければならないこともある。

(d)　M&A

事例4のようなリコールリスクに対しては，実務上は，表明保証と補償で対応することが多い。要するに，売主に，リコールリスクがない旨を表明し保証してもらい，それに違反したら補償として相応の金銭を支払ってもらうということである。ただし，相手が補償義務を果たさないということもよく見られる。このようなリスクを踏まえ，交渉力があれば，クロージング時に代金全額を払うのではなく，一部を支払った上で，（契約で決められた算式や条件に基づき）一定期間をおいてその期間の業績や表明保証違反の有無等を踏まえて最終的に追加払いをするような方法もある。

ただ，交渉において相手が「リコールを命じた国が間違っている。本件でリコール要件は満たされておらず，リコール命令は違法無効

であり，そもそもリコールをする必要はなかった」と主張してくるなど，補償交渉がスムーズに進まないことも多い。

(3)　国際訴訟とその競合

(a)　国際訴訟の要点

国際訴訟はよく見られる。重要なのは，それが本当に紛争を解決することができる手段なのかである。

例えば，日本の東京地裁で中国企業を訴え，10億円を支払わせる判決を得たとしよう。この判決に意味はあるのだろうか。ゼロではないかもしれない[15]。しかし，中国は日本の判決を承認しておらず，その結果，中国では日本の判決はいわば「紙切れ」であるので，ほぼ意味がない。

だからこそ，管轄条項の合意の段階で，このような紛争解決の実効性を考えるべきである。その場合は，①裁判官の能力[16]，②腐敗・政治への配慮[17]，③時間[18]，④訴訟にかかる費用を増大させるディスカバリー等の制度の有無[19]を踏まえて判断すべきである。

(b)　国際訴訟競合

双方が自国で訴訟を起こすことがある。国際訴訟競合である。契約で管轄裁判所が決められていても，例えば不法行為に基づく紛争等を提起するなど，様々な方法が考えられる。

---

[15]　例えば，中国企業が日本に資産を有している場合である。

[16]　例えば，かつては中国は元軍人が裁判官を務めることが多かった。現在はロースクール出身裁判官の増加によりこの点の飛躍的改善が見られる。

[17]　ここで現地企業を負けさせて現地企業が倒産すると，多数の従業員が路頭に迷うという事情などである。

[18]　例えば，インドでは判決まで10年かかると言われることがある。

[19]　米国では，ディスカバリーという日本の文書提出命令よりもはるかに広範で実効性の高い証拠開示制度が存在し，その結果米国での訴訟には多額の費用が発生する。

　この場合の規律については拙稿[20] の通りであるが，要するに国際訴訟競合があることは，裁判管轄を否定する方向の事情の１つではあるものの，絶対的ではないということである。

(4)　国際仲裁

(a)　なぜ仲裁か

　仲裁は，私的（private）な裁判制度である。裁判ではなく仲裁が利用される理由としては，以下のものがある。

- ・ニューヨーク条約（Convention on the Recognition and Enforcement of Foreign Arbitral Awards）によって執行が容易である。
- ・秘密手続である（原則として公開されない）。
- ・当事者が判断者である仲裁人を選ぶことができる[21]。
- ・一審制である[22]。
- ・証拠開示等の費用について，少なくともディスカバリー制度が存在する国における訴訟よりも安くなることが多い[23]。

(b)　なぜ仲裁が裁判制度の代替となるか

　なぜ私的な裁判制度であるにもかかわらず，当事者がその判断（仲裁判断）に拘束されるかというと，合意があるからである。つまり，国家の運営する公的（public）な裁判制度の場合には，自力救済，つまり，力が強いものが勝つことを避けるため，裁判手続に

---

20)　内藤順也 = 松尾剛行「国際訴訟競合」道垣内正人 = 古田啓昌編『実務に効く　国際ビジネス判例精選』（有斐閣，2015 年）146 頁以下。

21)　誰が裁判官になるかわからない裁判手続よりは，事案によっては専門性が高い仲裁人に判断してもらった方がよいということである。

22)　裁判の場合には上訴によって時間がかかることがある。

23)　ディスカバリーについて前掲注 19）を参照。

服することを強制する。もし，裁判をボイコットすれば，欠席判決によって敗訴判決が下される。そして，判決であれば強制執行を通じて強制的に従わせることができる。これに対し，私的な裁判である仲裁については，これは当然には拘束されるものではないので，合意，すなわち仲裁合意が非常に重要なのである[24]。

(c) 仲裁合意の効力

仲裁合意には2つの効果がある。まず，仲裁判断に拘束されるという重要な効果である。仲裁判断には判決に類似する効果がある。もう1つは防訴抗弁である[25]。要するに，訴訟を起こしても，訴訟を妨害する抗弁が立てられ，裁判手続が排除される。

なお，例えば「この契約は詐欺だから取り消す」とABCが言い出し，実際にXYZとの契約が詐欺で取り消されるとすると，契約がなくなってしまう。そうすると，契約に仲裁合意があっても，その合意もまた取消しにより遡って無効になるのだろうか。仲裁法15条7項（2023年改正施行前は13条6項）は「仲裁合意を含む一の契約において，仲裁合意以外の契約条項が無効，取消しその他の事由により効力を有しないものとされる場合においても，仲裁合意は，当然には，その効力を妨げられない」としているように，仲裁合意は分離して考えることとなっている（分離可能性）。

(d) 仲裁手続概観

多くの場合，当事者は，特定の仲裁機関における仲裁に合意する。

---

24) 「仲裁合意は，法令に別段の定めがある場合を除き，当事者が和解をすることができる民事上の紛争（離婚又は離縁の紛争を除く。）を対象とする場合に限り，その効力を有する」（仲裁法15条1項〔改正法施行前は13条1項〕）。

25) 「仲裁合意の対象となる民事上の紛争について訴えが提起されたときは，受訴裁判所は，被告の申立てにより，訴えを却下しなければならない」（仲裁法16条1項柱書〔改正法施行前は14条1項柱書〕）。

例えば，日本であれば日本商事仲裁協会（JCAA）である。それぞれの仲裁機関は仲裁規則を有していることから，国際法務対応を行う企業法務弁護士はそのルールを熟知することが重要である。

また，仲裁の場合には，①代理人と，②（仲裁人が 3 人の場合）当事者が選ぶ仲裁人の選任が非常に重要である。例えば，ドイツ法が準拠法の場合，ドイツ法を知る代理人およびドイツ法について（仲裁言語が英語である前提で）英語で議論して他の 2 人の仲裁人を説得できるような仲裁人の選任が必要である。

その上で，書面のやり取り等のヒアリング準備過程を経て，一堂に会して，またはオンラインでヒアリングが行われる。ヒアリング準備過程，ヒアリング時，そしてヒアリング後にそれぞれ和解の話になる可能性もあるが，和解ができなければ仲裁判断が下される。仲裁判断は承認執行手続を経て各国で執行され，また，取消手続もある。

> ＞POINT＜

▶ 国際案件の特徴は，国ごとの法律の違い，契約観・契約の履行に関する意識等の違いに起因する特有の慣行への対応にある。
▶ 国際契約では，Incoterms 等を踏まえ，蓄積した経験を活かし，取引慣行や準拠法に対応する必要がある。ドラフティングでは，各言語における定型的な言い回しを活用することも重要である。
▶ 海外進出にあたっては，参入規制等の現地規制を確認する必要がある。販売店・代理店を指名する場合は，長期継続的関係を前提とするため，信用性等の確認や，独占・非独占の判断は慎重に行うべきである。合弁設立や組織再編の場合は，経営主導権が焦点となる。
▶ 国際紛争では，取引慣行の差異を踏まえ，契約等による予防をすることが重要である。
▶ 国際訴訟には実効性がない場合もあり，国際仲裁が多く利用される。

当該仲裁機関の仲裁規則に通じた代理人の選任と，適切な仲裁人の選任が重要となる。

▶Column　リスキリングについて

　岸田首相がリスキリング 26)，すなわち，大学を卒業した後も継続的に学ぶことで，新しい時代に必要な技能を身に付けることの重要性を強調した。このような学びを続けることは，とりわけ企業法務弁護士にとって重要である。法律は改正され，新しい判例が積み重なり，書籍や論文も日々新しいものが世に出ている。そのような中で学びをやめてしまえば，依頼者に対してよいサービスを提供できなくなる。

　もちろん，仕事の中で新しい知識を得ることもできる。例えば，顧問先から「契約雛形を〇〇法の最新改正に対応させてほしい」という依頼を受け，その改正を勉強するなどである。しかし，それ以外に自分でも積極的に学んでいくことが重要である。筆者は，情報法関係の改正があると「きっとこの改正に関する依頼があるのではないか」と考えて勉強しておき，その直後にご依頼をいただくという経験を多く持つ。

　学び方は様々であり，注視し続ける分野の新しい法律書を読んだり，専門雑誌を読んだりするといった方法は重要な学び方である。しかしそれ以外にも，大学の授業の科目履修生になったり，オンラインや夜間・土日のコースを履修したりもできる。加えて，論文を執筆するなどの過程で学ぶこともできるだろう。

　最新の知識は我々企業法務弁護士の武器である。もちろん，経験があってこその知識であり，経験と知識は両輪である。そこで，依頼者から必要とされた時点で，最良のサービスを提供できるよう，常に知識を磨き続けなければならない。

---

26)　「〈連載〉キャリアアップのための法務リスキリング！」ビジネス法務2023 年 9 月号以下も参照。

終章 AI・リーガルテック時代の弁護士のあり方 [1)]

1 AI・契約レビューテクノロジー協会代表理事として

　筆者は，AI・契約レビューテクノロジー協会代表理事としてリーガルテックの公共政策法務（第7章参照）を行っている。AIと法については既に2015年の「ロボット法学会」設立準備研究会で報告をしていたが，2018年に九州大学の法情報学のゲスト講義に招かれ，リーガルテックの講演をしたことをきっかけに，法実務がテクノロジーによって大きく変革される可能性を感じ，2019年に「リーガルテックと弁護士法に関する考察」を公表した [2)]。このころから数多くのリーガルテック企業から依頼を受け，リーガルテックに関する実務経験を集中的に積むことができた。

　そのような中，2022年6月6日に法務省が「グレーゾーン回答」を公表し，一部報道はまるでリーガルテック全般が弁護士法に違反するものかのように取り上げた。同月8日付で筆者は，少なくとも現在利用されているAIを使った契約レビュープロダクトは弁護士法に違反しないという意見書を作成し，この意見書は広く読まれることとなった。そして，弁護士法に関する誤解を解く活動の一環と

---

　1)　本テーマについて詳しくは，中央経済社編『ChatGPTの法律』（中央経済社，2023年）142頁以下〔松尾剛行執筆部分〕および松尾剛行『ChatGPTと法律実務』（弘文堂，2023年）を参照。

　2)　情報ネットワーク・ローレビュー18巻（2019年）1頁。

して，筆者は上記協会の代表理事となり，同年 11 月 11 日には政府の規制改革推進会議においてヒアリング対象者の 1 人として説明を行い，法務省から，少なくとも現在利用されている AI を使った契約レビュープロダクトは弁護士法に違反しないという趣旨の回答を得た。その後第 7 章でも紹介したとおり，2023 年 8 月には，法務省からリーガルテックを適法とするガイドラインが公表された。

　このようなリーガルテックに関する公共政策法務活動の中で，今後の企業法務や弁護士の業務のあり方がどう変わっていくのか不安を感じている人が非常に多いことがわかってきた。元々，前記の2015 年の「ロボット法学会」設立準備研究会の報告テーマが AI と労働であったように，AI 時代の仕事のあり方については既に研究を進めていたところであり，また，前著 3) も「キャリアデザイン」を全面的に押し出したところであるが，特に弁護士を含む法務専門職の業務の未来に関する研究の必要性を強く感じ，これについて多数の講演を行い，著書を複数公刊した 4)。

　終章では，2023 年 11 月時点の研究の成果を，新人弁護士に対するものとして簡単にまとめたい。ただしこれはおよそ約 20 年先を見据えた検討結果であり，50 年後の法曹界はここで予想しているものとは大きく様変わりしているかもしれない。この点はご留意いただきたい。

2　リーガルテックの現在地

2023 年段階のリーガルテックがどこまでのことを行うことがで

---

3)　松尾剛行『キャリアデザインのための企業法務入門』。
4)　前掲注 1)。

きるかについては，もちろんサービスごとに異なるものの，イメージをご理解いただくため，いわゆる契約レビューテクノロジーについて説明したい。その仕組みの概要は，契約レビュー（第3章2参照）に際し，どのような点に注意すべきかという趣旨のチェックリストを準備して 5)，契約書をアップロードすると，チェックリストに基づく突合が自動で行われるというものである。

　この場合，確かに「XX 条項が不足しています」とか「(YY の立場からは）この条項は ZZ としてはどうですか」といった内容が表示される。それによって見落とし，チェック漏れ等を防止することができる。しかし，個別具体的なビジネスに基づくものというよりは，当該契約類型において一般的に注意すべきポイントを確認するものに過ぎない。

　このように，AI は個別具体的なビジネスの内容には入らない，「一般的」な契約レビュー上の留意点を示してくれる。しかし，それを踏まえて最終的な採否を決めて契約書を確定するのは，あくまでも人間の弁護士や法務担当者である。また，具体的なビジネスを踏まえた契約のあり方を考えるのは，まさに人間のなすべき業務である（契約で取引をデザインすることについては第3章2(2)参照）。

---

5)　例えば，秘密保持契約（松尾剛行『キャリアデザインのための企業法務入門』22 頁以下参照）であれば，「秘密情報を定義しているか」というのがチェックリストの例になる。自社向けにチェックリストをチューニングすることもできる。

3　テクノロジーと人間の関係に関する基本的視座と AI・リーガルテック

⑴　人間の仕事が「奪われる」ことはない

　例えば，昔はタイプライター等を利用した和文・英文タイプが特殊技術であったので，タイプを仕事とする人（タイピスト）がいて，その人に手書きの原稿を渡していた。2023年において，この仕事はほぼなくなったと言えるだろう。タイプ技能が特殊技能ではなく，いわばコモディティ（大量生産品）となり，誰もが自分でタイプをするようになったのである。そして，これによって格段に便利になった。確かに，ミクロで見たときには，「タイプの仕事がなくなる」というような意味での仕事がなくなる事態は，今後も起こり得るだろう[6]。

　しかし，「人間の仕事が AI に取って代わられ，人間は仕事をせず，ベーシックインカムをもらって暮らすようになる」というシナリオが，少なくとも 2040 年の弁護士業務に関する限り，現実化することはないと考える。つまり，引き続き，人間の弁護士がテクノロジーの支援を受けながら仕事を続けるだろう。

　そのように考える理由は，AI 等の技術は発展するものの，その技術発展には限界があり（後記⑷参照），人間が苦手な一部の業務が得意な AI と，AI が苦手な一部の業務が得意な人間が協力しながら業務を進めていくと想定されるからである（いわゆる「ケンタウロスモデル」）。

6）　大内伸哉『AI 時代の働き方と法——2035 年の労働法を考える』（弘文堂，2017 年）参照。

(2)　テクノロジーを「使える」人は徐々に増える

上記(1)ではタイプが特殊技能からコモディティになったことを述べたが，ChatGPT 等の AI も，2023 年 10 月現在では一部の新し物好き（アーリーアダプター）の弁護士が利用しているという状況であるものの，今後はこれが標準技能となるだろう。

高校の「情報」の授業においては既にデータサイエンスの基礎が教えられており，東京大学が AI を前提に教育課程を変えると表明しているように [7]，AI の利活用技能に関する教育はますます充実するだろう [8]。我々の世代もリスキリングとして，AI に関する勉強をすることになる。まさに，筆者より少し上の世代がパソコン教室に行ってパソコン時代に対応したような状況が発生し得るだろう。

このことの意味は 2 つある。1 つは AI 等のテクノロジーを使えないことがマイナスになり得るということである。もちろん，他に大きな強みがあれば，テクノロジーを使わなくても問題がない。例えば，パートナー弁護士となって，アソシエイトに AI を使わせるというやり方もあり得るだろう。ただ，そうでない場合には，少なくともその時々において基礎的なリテラシーとなっているテクノロジーが使えないことはマイナスになる [9]。

もう 1 つは，AI 等のテクノロジーが使えることが単なる「万人に必要なリテラシー」（コモディティ）になってしまうということである。つまり，AI が使えるからといって競争上優位になるのではなく，まさにパソコンが使えるのと同様に当たり前になるに過ぎ

---

7)　https://xtech.nikkei.com/atcl/nxt/column/18/02423/042300009/
8)　松尾剛行「法学部生を念頭に置いた『ChatGPT 等の AI との賢い付き合い方』──AI 時代のキャリアデザインを踏まえて」法学セミナー 822 号（2023 年）48 頁参照。
9)　例えば，2023 年における法律事務所の就活で「パソコンを使えません」という場合に就職の難易度が跳ね上がるというイメージである。

なくなる，ということである。

⑶ テクノロジーがますます高度に「支援」する中で自分の強みを磨く

　前述の通り，弁護士の仕事の全てをテクノロジーが「奪う」ということはない。しかし例えば，文書校正，文書要約，リサーチ，ブレスト，契約レビューなど，様々な面でテクノロジーがますます多くの「支援」をするようになる。

　例えば，リサーチ（第4章3参照）についていえば，2023年時点のChatGPTをリーガルリサーチに利用しようとしても，データがインターネット上のものに限られる等の理由で，到底使い物にならない。しかしリーガルテック企業は，法律書・論文・判例等，弁護士がリサーチに利用する資料についてAIを利用して検索できるようなリーガルリサーチプロダクトの開発を急いでいる。ある論点に関する判例・通説・実務というのは，豊富なデータから「正解」を導くことができる分野である。そこで，2040年を見据えれば，そのようなリサーチについては，弁護士はAIによる高度な支援を受けることができるだろう。

　ここでいう「高度な支援」の意味は，場合によっては「有斐閣の全ての書籍・雑誌を検索して最も適切な回答を導くAI」等が登場し，それに対して（現在の有斐閣のコンメンタールと同様に）「オーソリティ」（第4章4⑵参照）が発生する可能性がある，ということである。現在有斐閣のコンメンタールに「多数説」とある場合，明かな誤記がないかの確認はするとしても，毎回関連する基本書を数十冊集めて本当に多数なのかをカウントする実務家は存在しないと思われるが，これはオーソリティが発生していることから，特段の必要性がない限り利用者が（誤記チェック等の形式的確認をすると

しても）実質的確認をしなくてもよいと考えられているということ
である。そのようなオーソリティを持った AI が登場すると，いく
ら「支援」といっても，人間の行うことは形式的チェック等のかな
り簡単な内容に過ぎなくなる。そのため，AI の成果物に対し単な
る「確認・検証」をする能力は，ますます付加価値が低下するだろ
う。

　このようにテクノロジーがますます高度に弁護士業務を支援し，
業務が変わっていく中で，自分はいったい何を強みにするかを考え，
その強みを磨いていくことがますます重要になっていくだろう。

⑷　テクノロジーの限界を考える

　では，何を自分の強みにしていけばよいのだろうか。その際には
テクノロジーの限界，とりわけ今後技術発展が進んでも克服できな
い限界（技術的制約）を考えることが重要となる。

　例えば ChatGPT は多くの「間違い」を出力することが広く知ら
れている。このような現在の技術水準から「AI は○○ができない」
と議論することに意味はない。技術は進歩するのであり，現時点で
できないことも，将来できるようになることが多いからである。例
えば，画像生成 AI については，指を描けないとか，ラーメンを食
べる画像を描けないなどと言われていたが，すぐに大幅な改善が見
られた。だからこそ，今できないことを基準に議論すべきではなく，
むしろ，技術的制約，つまり次のブレークスルーを実現できない限
り続くであろう限界を考えることが重要である。

　そのような技術的制約の視点で見ると，ChatGPT のような学習
系 AI については，次のような問題が少なくとも 2040 年くらいま
では残り続けるはずである。①既に多くの類似のことが言われてい
る事項であれば「いい感じ」の回答を示すことができるものの，そ

216

うでない新しい問題や，仮にその問題がデータが多い分野に属していても，その問題の（他の類似の問題と異なる）特徴的な部分に対してうまく回答することができない。②回答の根拠らしきものは示せても，本当の意味での人間の弁護士のような根拠の列挙はできない。③利用者に対する操作・攻撃のリスクがある。④当該リスクが発現しても責任の所在がわからない 10)。

4　AI時代の企業法務弁護士のキャリアプランニング

(1)　正解がない分野が鍵となること

　前記3(3)で述べたとおり，正解がある分野については，AIの一人勝ちになるだろう。いわゆる「Q&A本」を例にとれば，あたかも「Q&A本があらゆる法律分野について揃って，それを自由自在に検索できる」かのような時代が来て，人間（弁護士）のリサーチ能力の希少価値が下がるだろう。

　しかしそれでも，「自分がQ&A本を利用して答えを探求すべき質問は何か？」あるいは「Q&A本にはこのように書かれているが，本件でそれを実際にどのように落とし込むのか？」といった「正解がない」領域に関する能力は，AIが苦手な分野として，引き続き人間こそが大きな役割を担うことが期待される。そもそもこれまでの弁護士の重要な付加価値は，本に答えが書いていない，正解がない領域にこそあったはずである（第1章1(2)参照）。このような正解がない分野を自らの強みとしながら，AIの「支援」を受けつつ業務を行うことが，弁護士として引き続き求められるだろう。筆者は，この点がAI時代の弁護士のキャリアプランニングにおいて重

---

10)　松尾剛行『ChatGPTと法律実務』39頁以下参照。

要になると考えている。

　以下，事務所所属弁護士とインハウスに分けて，企業法務弁護士
のキャリアプランニングのあり方について述べたい。

(2)　事務所所属弁護士としてのあり方

　事務所所属弁護士は AI にどのように対応すべきだろうか。

　法務担当者と企業法務弁護士は「二人三脚」で協力し合って，法
務の仕事である「長期的リスク管理」の実現を図ってきた（第2章
2(3)参照）ところ，企業法務弁護士のほうは「難しい契約書の作成」
「意見書の作成」といった成果物作成を担当し，企業の法務担当者
のほうは「何をインプットするか」「出力された成果物をどのよう
に利用するか」「そこでどのようにコミュニケーションをとってい
くのか」といったことを担当する役割分担が典型的であった。ここ
で，企業法務弁護士が担当してきた成果物作成は比較的「正解があ
る」分野に近いことに留意が必要である。

　そのため，企業法務弁護士はまず，より依頼者に近づいて支援を
することが考えられる。例えば，適切な成果物を得るためには，法
務担当者が適切な情報を AI・リーガルテックにインプットする必
要があるところ，法務担当者に対し「どのようなインプットをする
か」を考える上での支援をすることが考えられる。また，AI・リ
ーガルテックが提供する成果物をどのように利用するかは法務担当
者の悩みどころであるが，それを支援することも考えられる。

　次に，事件類型として，最先端だったりニッチだったりして AI
が対応していない，あるいは仮に対応を謳っていても精度が出てい
ないところを専門とするという選択もあり得る（例えば公共政策法
務〔第7章参照〕はその1つとなるかもしれない）。

　さらに，事件類型自体は（例えば NDA や業務委託契約等）比較的

典型的なものでも，その案件の特徴を踏まえたテイラーメイドな対
応が必要なものに注力することもあり得る。

　加えて，AI やリーガルテックを提供する企業自体が，適法かつ
よりよいサービスを提供するための法的支援を必要としている。よ
って，AI やリーガルテックに関する法律の専門家としてそのよう
なニーズに応えることも考えられる。

(3)　インハウスとしてのあり方

　最後に，ますます増加が見込まれるインハウスの弁護士としては，
リーガルテックの支援を受けて効率的に長期的リスク管理を行うこ
とが重要となる。この点は既に前著 11) において，①各部門がリー
ガルテックを使うが，やはり難しい問題は残るのでそれを法務部門
が支援するモデル，②法務がリーガルテックを使って業務を効率化
することで，これまでと同程度の陣容でより高い付加価値を出して
いくモデルなどに言及している。

　AI やリーガルテックは単なるツールであり，そのような便利な
ツールや，内外のリソース 12) をうまく利用して，会社の業務プロ
セスに落とし込むことが重要となる。つまり，それぞれの事案で最
もよく長期的リスク管理を実施するためにどうすべきかは，各社に
おける具体的な業務プロセスまで踏まえる必要があることから，全
てを AI が把握して判断することは難しい。そこで「一般的にはこ
のように進める」とか「関係する問題は ABC の 3 つであり，それ
ぞれの問題に対応できる部門と協力して進めるべき」といったいわ
ゆる一般論に関する AI の支援を踏まえつつ，どのように個別具体
策を実施するかについて頭を使うことが，付加価値として期待され

---

11)　松尾剛行『キャリアデザインのための企業法務入門』186 頁。

12)　社内の他の部門や，顧問弁護士，外国弁護士等を含む。

るだろう。

> POINT <

► AI・リーガルテックによる弁護士業務の在り方の変化に関する漠然とした不安が広がっているが，冷静に実情を把握し，人間とテクノロジーの役割分担を考えるべきである。

► 人間の仕事が完全に奪われることはないが，将来的に，AI・リーガルテックの利用は必須の標準技能となる。テクノロジーの限界を踏まえた優位性の獲得を目指そう。

► AIの回答の単なる「検証・確認」は，長期的には価値が薄れていくだろう。一方，先端性・非典型性・個別具体性がある業務や，AI・リーガルテックに関する法律やその業務プロセスへの組み込み方に関する知見等には，価値がある状況が続くだろう。

▶ Column　インフラ化しつつある AI

　ChatGPT 等の生成 AI が「ブーム」になった 2023 年 4 月，5 月頃，筆者は毎月 10 本程度のセミナー・講演等を行いながら，いくつかのその後の展開の可能性を予測していた。「最悪シナリオ」として，ブームが急速に萎み，同年秋には AI が見向きもされなくなる，というものも想定していた（そこで，できるだけ早く ChatGPT 等に関する考えをまとめ，公表しようと，『ChatGPT と法律実務』等の出版を急いだ）。

　実際には，2023 年 10 月においても同程度の本数のセミナー・講演等の依頼をいただいており，ある意味では良い方向に予想が外れた，と評することができるかもしれない。

　もちろん，「ChatGPT を使ってみたけれども，なかなか役に立たない」という感想を持った読者もいらっしゃるのではないか。確かに，ChatGPT 単体には大きな限界がある。しかし，本章 3(3)で述べた，法律書や論文等のデータを読み込ませることによるリーガルリサーチの変化等，将来的には大いなる可能性が秘められている。

現在では，リーガルテック各社が続々と ChatGPT 等の生成 AI をプロダクトに組み込んでいる。このように，生成 AI 等の AI はインフラ化しつつあると評することができるだろう。「ブーム」そのものはいつかは去る。しかし，インフラとして社会に定着する AI に対しては，キャリアプランニングの観点からも，自らのスタンスを今から考え始めるべきである。

おわりに

　本書は『キャリアデザインのための企業法務入門』が望外の好評を博したことから，第2弾として出版が可能となった。同書の読者のみなさま，同書関係者のみなさまに感謝したい。

　また，本書の構想は，冒頭にも記したように，筆者が2022年に桃尾・松尾・難波法律事務所の74期対象の新人研修講師陣の1人として指名を受けたことをきっかけに，新人弁護士のオンボーディングに必要な，Off-JTで教えるべき体系的知識は何かを考えたことから始まった。同事務所関係者のみなさまに感謝したい。

　渥美坂井法律事務所の乾直行弁護士，筆者が東京大学科目履修生であった2022年に一緒に巽智彦准教授のゼミに参加し，東京大学法科大学院を修了して（2023年11月時点において）公共政策法務を手伝って下さっている西垣裕太様，桃尾・松尾・難波法律事務所フォーリン・リーガル・スタッフ楊燦燦様，中国法研修生で早稲田大学博士課程の杜雪雯様，そして中国法研修生で早稲田大学修士課程の宋一涵様には，原稿全体を確認の上，コメントをいただいた。これらのお世話になった方々にお礼を申し上げる。もちろん，文責は全て著者1人にあり，本書の内容は所属事務所，所属大学等の立場や見解を示すものではない。

　そして最後に，本書制作の全ての面にわたり多大な貢献をして下さった有斐閣編集部の笹倉武宏様へ，感謝の意を表したい。

索 引

キャリアプランニングのための企業法務弁護士入門

2023 年 11 月 30 日　初版第 1 刷発行

著　者	松尾剛行
発行者	江草貞治
発行所	株式会社有斐閣
	〒101-0051 東京都千代田区神田神保町 2-17
	https://www.yuhikaku.co.jp/
装　丁	高野美緒子
印　刷	株式会社理想社
製　本	大口製本印刷株式会社
装丁印刷	株式会社亨有堂印刷所

落丁・乱丁本はお取替えいたします。定価はカバーに表示してあります。
©2023, Takayuki Matsuo.
Printed in Japan ISBN 978-4-641-12647-3